辰巳芳子の「さ、めしあがれ。」

マガジンハウス

まえがき

私は料理原稿を三十年近く書きつづけ、約二千点以上の主題を処方し世に贈ってまいりました。

この間、お目にかかる術（すべ）のない読者の向上に心を通わせずして筆をすすめたことは、一回もございませんでした。

書きたくない日、言葉に置きかえにくい調理過程に難渋し、簡略化の誘いにかられても根源的に大切なことは、自分を励まし書いてまいりました。

基本的なことは、「何気ない、平凡なこと」の中にあります。

例えば、朝使う青菜は、就寝前に水に浸ける／葉が傷つくような洗い方はしない／葉と茎は異質のものとして扱う／水分の切り方は、ものの質と、用途によって、微妙な差がある——などなど。

このような料理以前の心得に人々の留意を得、改善への意志にまで導くのは心底、力を要することなのです。

台所仕事は自分の人生と他の人生を全く受容しなければ、終生重荷となる作業です。

半端なものではありません。もし逃れ難く感じたならば——

生命の仕組みに「食」はおかしがたく組み込まれていることを、気を鎮（しず）めて考えましょう。そして何時かは、自分の生命でさえ、自分のものであって、自分のものではないこと、仕えてゆく生命であることを、悟っていただけたらと思います。

そのときはじめて、あらがう自我から解き放たれ、優しい心となって、火の前、水の前に立てるのです。

情報過多は、家庭料理の気後れを招いているかもしれません。案ずることはないのです、食卓の原点は、炉端です。

穀類と豆と汁ものを大切に扱いましょう。何よりの肝要はいそいそした「さ、めしあがれ」の笑顔。「いただきます」と手を合わせて箸をとる感謝と畏敬（いけい）の念です。

「さ、めしあがれ」「いただきます」。私達は世界に類のない深意にみちた表現で食事を潔（きよ）めてはいただいています。

心より感動いたしましょう。

辰巳芳子

（2003年小社刊『いのちをいつくしむ新家庭料理』より）

目次

◎この本の計量単位はカップ1が200mℓ、大さじ1が15mℓ、小さじ1が5mℓです。
◎この本で登場するチキンブイヨンはP8で紹介したものを使う。しかし、自分でブイヨンをとる時間がとれない場合は、よいブイヨンがある。日本スープの「チキンクリア」。200gを6〜7倍の水で希釈して用いるとよい。購入は茂仁香（☎0467・24・4088）まで。

海、山、畑の旬の恵みを渾然一体化し、
もっとも吸収しやすい状態に仕上げた食物——
それが「スープを含む汁もの」です。
一言で言うなら、「おつゆ」。
この言葉の表現には「天の露」のイメージが
ありありと見える。
露を受け含んで、生き返る地上のものたちと、
人々が汁をいただき、息づいた瞬間を重ね、
思わずつゆ、敬語にして「おつゆ」。
日本人ならではの魂の発露ではないか。
作り食す、根源的深義がすべて包含されている——
汁ものの待つ家庭の食卓は、愛のとりで、です。

（2003年小社刊『いのちをいつくしむ新家庭料理』より）

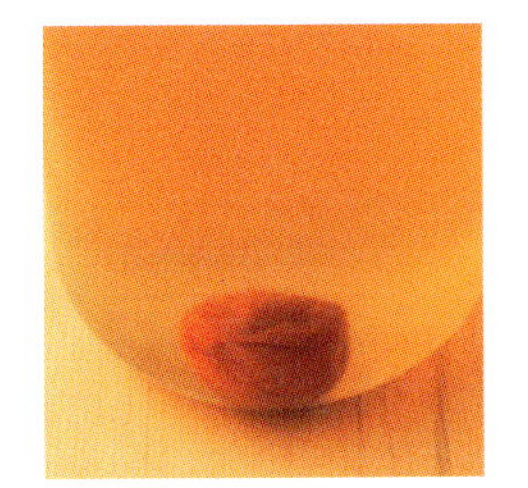

第1章

基本の出汁

第1章　基本の出汁

チキンブイヨン

骨の滋味を充分とりたいがため、首骨はよくたたくこと。ガラス器の中に見えるのは白粒胡椒。

レモンの薄切りを親指の背にあて、握り込む。汁を搾りきる最良の方法、ぜひ体得したい。

昆布と干し椎茸で旨みを増す。和洋を問わず展開できる。

家庭料理の第一歩として、スープ（日本の汁ものを含む）から始めることにした。その意図は、スープの「生きてゆきやすさ」を予感してのことだ。

まず、汁もの、スープを定義してみる。それは、海・山・畑の旬の恵みを渾然一体化し、もっとも吸収しやすい状態に仕上げた食物であるということである。

材料は、手近なもの。手間は火にかけるまでのこと。味わいは法則を忠実に再現してくだされば、自ずと生まれる。

家庭生活は、老幼、病弱、疲労に対する配慮なしに一日たりとも過ごせない。スープがこなせるか否かで、荷の重さは明暗を分かつとさえ思える。

私のスープの歴史は昨日今日のものではない。

恩師・加藤正之（かとうまさゆき）先生は、スープと野菜で十四年という修行をなさっただけにスープへの思い入れは格別であった。指導を受けたのは十三年間。復習は、一点一画ゆるがせにしなかった。加えて、八年間の父の介護が、現在のスープに至る道のりと言えよう。

一品の解説は短いが、深読みなさっていただきたい。材料は贅沢なものではない。しかし、じゃが芋一つ、用心深く求め、仕上がりの味と照合し、何処で何を買えば成功するか、掌中（しょうちゅう）になさることだ。

一にも二にも、練習、稽古。

この鶏のブイヨンは、和洋あらゆる汁ものに展開できる基本のストックだ。

◎材料（作りやすい分量）
鶏の首骨　5本（なければ鶏手羽先10本）
鶏手羽先　5本
玉葱　1個（150g）
人参　75g

本来洋風のブイヨンに、
日本の出汁である
昆布、干し椎茸を加えることによって、
鶏臭さを除くだけでなく、
旨みが生まれ、
さらなる養分が相乗される。
現代人の栄養不足を一椀のスープで
補うことができれば
という思いで改良したもの。
炒り大豆を適宜、加えても好ましい。

セロリ　75g
ブーケガルニ（パセリの軸数本、ローリエ1枚、タイム、セロリ）
白粒胡椒　10粒
昆布　（5cm角）5枚
干し椎茸　大3枚
水　カップ13
レモン　適量

作り方

① 鶏の首骨を用いる場合は、よくたたいておく。
② 鍋に湯を沸かし、レモンの輪切りを2枚ほど入れ、首骨と手羽先を入れ、汚れや臭みを取り除く程度に湯引く。
③ ②を水でよく洗い、レモン汁を搾りかける（搾り方は右写真）。
④ 深鍋に鶏、玉葱を丸ごと、人参、セロリ、ブーケガルニ、白粒胡椒、昆布、干し椎茸、分量の水を入れ、中火にかける。
⑤ 煮立ったところで火を弱め、途中、浮いた脂やアクをひきながら1時間ほど煮る（昆布、椎茸、野菜類は30分ほどで引き上げる）。
⑥ 熱いうちに、コットンペーパーを敷いた漉し器で漉しておく。

保存するためには、塩を小匙1程度入れ、火入れをする。3日以上おく場合は、小分けして冷凍しておく。

第1章　基本の出汁

スペアリブのブイヨン

スペアリブを「湯引く」ことは「茹でる」とは違う。
熱湯をくぐらせる、と言ったほうが正しい。
その後、水で肉を洗うのは、汚れや不要な脂を取り去るため。
スペインの煮込み料理は必ずこの手順をふんでいて、食べてみるとなるほどと理にかなった方法だとわかる。

日本人に欠落しやすい骨の成分を余すところなく摂る。

スープを一つの系譜として考えると、洋風のジャンルに牛や鶏のブイヨンがあるが、豚肉のそれにはまた別趣のありがたみがある。

とくに単なる豚肉ではなく、骨付き肉のスープは骨と骨の周りの栄養分が摂れるという意味で、日本人に不足がちな骨の成分が補え、とくに成長期の子どもには、ぜひとも必要なものと言えよう。

この茹でスペアリブのポイントは何と言っても、スペアリブに塩をして一、二日おく点にある。場合によっては三日おいてもいいくらいだが、なぜかと言うと、塩によって肉の旨みが増すからだ（スペインやイタリアでは、ベーコンでなく塩豚を使うことがほとんど）。

塩がしみ込んでいるから、味付けはくれぐれも後から調整するような気持ちでつけたい。トマトを加えれば、よりさっぱりとした食べ心地を作れる。

また、この肉については、スープと共に大いに食べてゆくものであることは言うまでもない。

一回こっきりではなく、何度も繰り返し作り、ぜひ自分のものにしてほしい。

この展開——スペイン風に白隠元豆を用いたスープ（60ページ）、蓮根を味噌仕立てにしたスープ（74ページ）も紹介した。

材料（作りやすい分量）

- スペアリブ（豚骨付き肉）　800g
- 塩　肉の3.5〜5％
- 香味野菜
  - 玉葱（半割り）　130g
  - 人参（縦に半割り）　80g
  - セロリ（5〜6cm長さ）　130g
- ローリエ　2枚
- 干し椎茸　3枚
- 水　適量
- レモン（輪切り）2〜3枚

材料、とくにスペアリブはよい品を選んでほしい。精肉店にブツ切りにしてもらうとよい。

固まった脂は、冷めるとパカッとはずれる。濁りのない、きれいなブイヨンがとれる。

作り方

① スペアリブに3.5％の塩をまぶし、コットンペーパーを敷いたバットに並べ2〜3日、冷蔵庫にねかせる。塩をなじませ、余分な水分を吸い取るのが目的。
② ①のスペアリブをレモンの輪切りを浮かべたたっぷりの湯で湯引き、水でよく洗い、水けを拭き取る。
③ 鍋に、スペアリブ、香味野菜、干し椎茸を入れ、かぶるくらいの水を入れ火にかける。
④ ③が煮立ったところで火を弱め、アクを除きつつ1時間半ほど煮る(竹串が肉にラクに通るくらいが目安)。二重鍋を用いる場合は、アクを除き、10分ほど煮てから外鍋に移し、6時間くらいおく。
⑤ ④の鍋から香味野菜を取り出し、粗熱がとれたら鍋ごと冷蔵庫、または冷暗所に置き、脂が完全に固まったところで脂を取り除く。
⑥ コットンペーパーを敷いた漉し器で漉して、もう一度、煮立てないほどに火を入れ、ストックとする。肉は別器に取りおく。

第1章 基本の出汁

煮干しの出汁

これが煮干しの？と誰もが驚く、ふくよかな味わい。

煮干しの出汁をひくような日常性の最たるものにも約束事があり、年々歳々の進歩を必要とする。すべて「味」の第一歩は、①食材の目利き、②買ったものの保存、③完全な下拵え(したごしらえ)から出発する。煮干し出汁にもこれが当てはまる。

①は、干し上がりの美しいもの、そのまま食べてもうまいくらいなら上等。私の大好きな香川の伊吹島のものは、はらわたからして異なる。フンのような黒いわたを持たず、からすみ色の小さなわたが品よくおさまり、わたを除くのをためらうほど。副材料の椎茸は、できるだけ日本産を。中国産は比較にならぬ安価ですが菌床育ちが多い。昆布は、天然三等でよいから使ってほしい。

②の、買った煮干しは常温に置かず、冷蔵か冷凍。できれば日を置かず、私の奨励するから炒りした魚粉にし、冷蔵または冷凍保存する(良い煮干しは高価な食材である)。

③煮干しは大体、はらわたを取り除き、水に漬けることまでくらいはなさるかもしれない。そこでさらにだまされたと思って、身を割き、炒り、粉にしてみてほしい(炒りじゃこ、という)。胡麻など混ぜ、ふりかけにしてもよいくらいのものになる。

これを瓶に詰めて常備。一椀につき、匙何杯と定めて用いる。

昆布を用いるのは旨みと栄養の故だが、椎茸は、異臭を除く力を持っているからだ。これに気づいている方は数少なく、煮干し出汁に用いるのは、私一人だと思う。

中央の煮干しを、右の頭、左の身を2つに割いたものに。から炒りし、ミキサーに。

昆布、干し椎茸、瓶詰めのものは、煮干しをミキサーにかけた魚粉(炒りじゃこ)。

炒りじゃこの鍋、昆布・干し椎茸の鍋と、それぞれの分量の水に入れ、1時間つける。

●材料(作りやすい分量)

水　カップ10

煮干しをから炒りし粉末にしたもの(炒りじゃこ)　大匙3

昆布　(5cm角)6枚

干し椎茸　3〜4枚

●作り方

① 鍋に炒りじゃこ、水カップ3を入れる。別の鍋に昆布、干し椎茸、水カップ7を入れ、それぞれ1時間つけておく。

② どちらの鍋も弱火にかけ、炒りじゃこの鍋が煮立って2、3分したら、コットンペーパーを敷いた漉し器で漉しながら昆布の鍋に移す。

③ 20分ほどしたら、味をみてから昆布と椎茸を取り出し、さらに漉す。

● 煮干しは、はらわたを丁寧に除き、頭と身に分け、身を2つに割く。油気のない厚手鍋を熱し、ごく弱火でから炒りする。ミキサーで粉末にして瓶に詰めて冷蔵、または冷凍保存する。

● 瓶に入れて保存するとき、50℃で火入れし粗熱を取り、塩ひとつまみ、梅干しを1個加えておく。一番出汁も同様にする(15ページ写真)。

第1章　基本の出汁

鰹節出汁

舌を頼りにぎりぎりまで滋養をひき出す、今の時代の「出汁」のあるべき姿。

「おつゆ」。スープをこんな美しい言葉で表現する民族があるだろうか。天の露、天からの贈り物という感慨をもって、自分たちが掌中しえた煎汁（せんじゅう）をこのように呼ぶことにしたのであろうか。「いただきます」ということばで、手を合わせて食事をとることにした先祖たちゆえ、つゆという表現におそらく容易にたどりついたに違いない。

〈日本の出汁材料〉

地域により、多少の差があるが、昆布を主体にその地域で楽々と入手しうる脂の軽い魚を用いる。

北海道のチカ、九州の飛魚を干したアゴ。煮干しならば高松。焼干しなら青森。以上は鰹節に劣らぬ上等な素材。精進出汁は、昆布・椎茸が主流で、かんぴょう・炒り豆などにも頼るのは尼寺くらいなものか。

〈出汁の使い方〉

日本料理の特長は出汁で汁を仕立て（家庭においては実だくさん）、野菜を炊き、青菜を浸し、酢をも出汁で割って使い、食べ心地のよいものにしてゆく。

このように出汁は、日本料理に欠かせぬものでありながら、栄養分析にかけにくいもののようで、それも手伝ってか、その重要性をとなえる方がおられない。

わざわざ出汁をひかずとも、昆布・椎茸・腹を取った煮干しなどを鍋のふちや底に沈めるだけでもよいから、これらの滋養を、大地に露がしみ込むように、とり入れていただきたい。

〈出汁の効果〉

子どもの体格ではなく体力、意欲、情緒安定にかかわることと思う。骨粗鬆症・動脈硬化の予防、髪の美しさにもかかわりがある。

出汁は、その気になれば、高校男女学生でもできるはずの、難しさのない仕事。手数も時間的

にも、これほど簡便な煎汁は、世界に類がない。

日本人は、自分たちの文化を世界文化の中で分析し、位置付けするのが、まことに不得手である。昆布、鰹節などの旨み成分（滋養）で、汁を仕立て、煮炊きをし、浸し物、鍋物、粥の類、合わせ酢などを作る。調味料は、味噌、醤油など醸造調味料のおかげで、油を頼らずにすむ。これで湿度の高いこの風土で、生きてゆきやすい食体系になっているのだ。

塩で調味する人々は、旨みの不足をどうしても油脂で補う。

以前、ドイツにおける日本年で、日本の食文化を紹介したことがある。ドイツ側の料理長は、他の仕事はさておき、出汁をひく有り様をつきっきりで観、後に「吸い地」と書いてホテル・メニューに加えた。今や昆布は海の汚染の故か、昔日の力を落とし高値。鰹節は、ここで皆が本気になって出汁に注意を向けないと本枯節の作者を失う。それは食文化にとって大打撃である。昆布、鰹節の選別を誤らず、解説どおり気を抜かず仕事をなされば、必ず出汁はひける。

出汁は一週間分を計画的にひき、冷凍。随時、解凍して用いる。出汁をひいたときに合わせ酢も作れば、出汁はひき甲斐のあるものと言えよう。

第1章　基本の出汁

鰹節出汁

● 一番出汁の材料

最高の出汁をひくための分量を。カップ10の水に対して、昆布一等5㎝角10枚。本枯節の中心部40g。この出汁は基本中の基本。昆布は切って瓶に。鰹節はまとめて削り、やはり瓶に入れ、こちらは冷凍保存しておく。削り節を手に入れる場合も、同様に冷凍保存をすすめる。見えるガラス瓶に入れるのは、面倒がらずに仕事をするための一工夫。

● 材料の選び方

昆布には、出汁昆布と煮昆布がある。中でも、天然出汁昆布を使ってほしい。養殖は不可。鰹節は、本枯節の外皮を除き、皮下7㎜ほどは味噌汁、煮物用。その内側からが、清汁用。出汁もピンからキリまで、私は常用と上等をひき分けている。つまり昆布は一等、二等たち落としまであり、工夫次第でたち落としでも常用は上等。鰹節は質が悪いと全く使いものにならない。

● ひき方

① 昆布は一等品でもたち落としでも、1時間前には水につける（一晩つけておく水出しでもよい）。1時間たったらここで昆布水を味わう。それは、その日の昆布の質を知るため。これを中火にかける。煮えがつき始めたら、火力を落とし、

上等の一番出汁を得るには、
鰹節よりむしろ昆布の扱いによる。
引き上げるタイミングが
早すぎても遅すぎてもいけない。
昆布によって違いがあるので、
時間に頼らず、自分の舌で
味を確かめつつ滋養をひき出す。

昆布の旨み、滋養をできるだけひき出すように炊いてゆく。この間しばしば味見をして、舌を訓練する。味の頂点を見定めて昆布を引き上げる必要があるからだ。

料理人の本には、昆布はきわめて短時間でひき出すべきものとあるが、昆布も高価となり、滋養という観点で出汁をひくべき時代と思う(したがって、二番出汁ではほとんど昆布には頼れない)。

② 昆布出汁に水を少々さし、温度を下げ、鰹節を広げながら投じる。5呼吸、長くて7呼吸くらいで味を確かめ、漉し器にコットンペーパーを敷いて、一気に漉す。

③ 二番出汁は、一番出汁の8割方の水と、一番出汁に使った昆布と鰹節を中火の強の火にかける。煮えがついたら、鰹節をひとつかみ加え、25分ほど煮る。味を確かめつつ、よい加減になったらコットンペーパーで漉す。

鰹節出汁を使って

二杯酢・三杯酢

青菜を食した後、すっと飲む。また、飲み干せる合わせ酢を作るべし。

鰹節出汁。「こんなに簡単」と意外の感を持たれたかと思う。「滋養」という観点で出汁を受け入れれば、難しいところは全くない。日本の出汁を世界の標準に置くと、インスタントに準ずるほどで容易に本物の煎汁を手に入れうる。ゆえに、出汁離れは愚かなこと。

出汁の必須栄養ミネラルは、過剰でなく、露がしみ込むように、私共を守るはずだ。裏付け理論も、いずれ解明されよう。

〈出汁をひく習慣をつける〉

①大前提＝家事を含め台所仕事を、経済・能力・時間の調和において組織的に組み立てる習慣をつける。

②一週一回出汁をひく日を決める。清汁（すましじる）・煮物・鍋物・浸し地・合わせ酢、八方つゆなど、ご自分のくりまわしの範囲で分量を算出する。

〈出汁をひいたら〉

①直ちに調理するものを除き、冷凍する。二日以内なら、火入れ、調味して冷蔵。

②出汁をひく日を、二杯酢・三杯酢・八方つゆを作る日にするとよい。合わせ酢は、五十度に火入れをし、粗熱をとり、冷蔵する。夏季はとくに重宝。

③二番出汁に酒少々、薄口醤油少々を落とし、青菜を浸す。浸し物、和え物の底味を調える。

〈使い回しの解説〉

①清汁は、出汁のひきたてが美味ゆえ、出汁をひく日は、清汁をいただける日、楽しみな日にする。

②冷蔵する出汁は、五十度で静かに火入れ、調味し、粗熱をとってから冷蔵。夏季は梅干し一粒を調味に替え、防腐用に用いる。

③酢の物の合わせ酢は希釈して用いると心地よい。最後に小鉢の底の合わせ酢が飲めるように。

よい酢は希釈しても、本性は目減りせず、これに塩分を加えると、旨みが増すもの。

魚介類の合わせ酢は、昆布出汁で割るのが好ましい。冷蔵庫のポケットに冷えた合わせ酢の用意があると、大根おろし、しらす干し、わかめ、夏のきゅうりもみ、何気ないものが安定して美味しく食べうる。料理は段取り五分で勝負が決まる。

④ほうれん草、小松菜などのお浸し。この平凡の中に、油を用いず青菜を美味しく食べる世界的にかけがえのない方法がある。出汁を酒少々、醤油少々で加減し、菜と茎をちぎり分け、茹でた菜を切って浸し、冷やす。供す寸前に菜を絞り、あらためて、加減だしをかけ回し、少々の切り海苔を天盛りにし供す。平凡の非凡である。胡麻よごしにする菜も、上の作り方のように。酢の物用のわかめなども、同様の下拵えで別物になる。

作り方

二杯酢は、甘みが邪魔になる素材に対し用いる加減酢です。出汁カップ1、酢大匙3、薄口醤油大匙2〜2½、塩少々。

三杯酢は、少々甘みが感じられることで美味に感じる素材に用いる。出汁カップ1、酢大匙2½、塩ひとつまみ、煮切りみりん大匙1½、薄口醤油大匙1½。

- まとめて出汁をひき、二杯酢、三杯酢を作りおきする。4人家族でこれが1週間分の目安。
- いきなり野菜を二杯酢で和える、というような乱暴なことはしない。必ず二番出汁に少々塩、醤油を加え、茹でた野菜を浸し地につけておく。アクも抜ける。

お浸し三種

小松菜
わかめ
菜の花

年ごとに気候が変わり、
夏はまるで亜熱帯のよう。
日本という風土に即した食べ方を、と
伝えてきましたが、地球規模で変わりつつあります。
今の食べ方に行き詰まったら、
私は、知恵を世界に求めます。
なぜその風土で、なぜその食べ方なのか、
洋の東西を問わず、その根源的な食べ方に
ヒントをもらってきました。
レシピも改良を重ねて、
必ずおいしくできるように書いています。
作って、食べてみてください。
そして、体の変化を実感してみてください。

第2章

四季のスープ

第2章 四季のスープ

クレソンのポタージュ

食べる前と後では体が違う。厳冬の地に生きる人々が知る深緑の効力。

クレソンはフランス語で、英語でウォータークレス。和名オランダからし（みずからし）、油菜科。俗にヤソ芹と呼ばれていた（明治初年、来日したフランス人、ドロー神父は医師でもあった。在任地長崎外海のキリシタンの疲弊を少しでも向上させたい思いで、故国から種子を取り寄せ、育成を奨励した。ヤソという名の源である）。

クレソンは驚くほどの繁殖力で、温暖の長崎で始まったものが日本全土に広がっている。北海道摩周湖の湧水地点にも氷水のような水辺にせいせいと白い花を咲かせている。

「雪解けが始まると、飛んで行ってクレソンを摘み、丼一杯食べるんです。食べる前と後では体が全く変わるのを感じる」。

厳冬にマイナス三十度で生きる人々は、私たちの何倍もこの食物を貴重に思い頼っていた。

フランスでは、夕食にスープをあまり出さないが、コンソメと、体に非常によいクレソンのポタージュはよく出すと読んだこともある。私は由布院に自生するものを時折頂戴する。いろいろ直接的調理もするが、じゃが芋の優しさで包んだポタージュ・クレソネルがクレソンをたっぷり、軸の力まで取り込んで、バランスよく摂りうるように思う。

このスープを実行してくださる方が、湯引いた青菜をミキサーにかけ、そこに見る、クロロフィルを手にするとき、確かにクレソンの効力を認めなさるだろう。

青菜のスープの代表（栄養的・味覚的・調理的にも）と言える。

この濃緑を、重篤な病や床ずれに苦しむ方々に飲ませたい。病院食に、ほんもののポタージュ・リエがとり入れられる日を心底待ち望んでいる。

軸と葉先を面倒がらずに
調理すべきは理由がある。
生では食べにくい軸をも
余すことなく食べ、
またビタミンたっぷりの葉先を別に
調理し、仕上げる前に加えることで、
有効成分を壊すことなく
摂ることができるのだ。
もちろん、色、香り、味わいは
言わずもがな、だ。

材料(6〜8人分)

クレソン　150g
玉葱6、長葱4の割合で　150g
じゃが芋(男爵)　500g
オリーブ油　大匙3
チキンブイヨン　カップ6〜8
牛乳　カップ1〜1½
塩　小匙2

作り方

① クレソンは軸と葉をちぎり分ける。それぞれ水につける。
② じゃが芋は皮をむき、厚さ7㎜に切り、10分間だけ水につける(または使うときに水洗いする)。
③ 玉葱は半割りにして厚さ2〜3㎜、長葱は小口切りにする。
④ 冷たい鍋にオリーブ油を入れ、葱類を加えて火にかけ、蓋をきせて弱火で蒸らし炒めする(最低7分はかかる)。
⑤ さらにじゃが芋を加え、七分通りやわらかくなるまで、蒸らし炒めする。
⑥ クレソンの軸を水洗いし、ざく切りにして加え、さらに蒸らし炒めを続ける。
⑦ ひたひた程度のブイヨンをさし、塩小匙1弱を加える。芋がやわらかくなるまで煮る。
⑧ ⑥と⑦の仕事の間に、クレソンの葉先を塩湯で湯引く。湯引き仕事は、目ザルにクレソンを入れ、塩湯に2呼吸ほど沈めるつもりで行う。左手でザルを持ち、右手に持った箸で、籠中のクレソンをさっと混ぜての2呼吸。クレソンは3〜4回に分けて湯引く。
⑨ ⑦をミキシングし、鍋に移し、ブイヨンで濃度調節する。
⑩ ⑧のクレソンの葉を刻み、水(分量外)を少々加えてミキシングし、ピュレ状にしておく。
⑪ ⑩のピュレを鍋に加え、さらに牛乳を加えて濃度調節をし、塩で調味して仕上げる。

第2章　四季のスープ

小松菜とあさりのポタージュ

後ろは、辰巳さん考案の「スーパーミール」をブイヨンで煮たもの（湯で煮てもよい）。浮き身にすれば腹持ちよく、一皿で一食に。

野のもの、海のものの見事な融合、あらゆる年代の人を救う。

小松菜——江戸野菜。将軍吉宗の時代、小松川（現在の江戸川区）に産する茎立菜を改良して、今に至る。アク気がなく、茹でこぼす、水にさらす必要のない滋養満点。青菜の首位が、なぜほうれん草なのか、よくわからない。

とくに、洋風の専門職が小松菜を使う例にゆき合わない。この「よい子」をポタージュにすれば、仕事は簡略。離乳から嚥下困難まで役立つ。小松菜の相手は、江戸時代からの定石「あさり」。二者は手を携えて旬に現れる、造化の妙なり。

材料は新鮮なものを選ぶ。貝類は、とくに。ここでは、高知産で試した。

小松菜とあさりのポタージュ

● 材料（5〜10人分）

小松菜　250g
じゃが芋（男爵）　500g
玉葱　75g
長葱　75g
チキンブイヨン　カップ5〜7
牛乳　カップ1〜2
オリーブ油　大匙3
塩　小匙2
ローリエ　2枚
あさり　300g
レモン　2切れ
白ぶどう酒　適量

● 作り方

① あさりは塩（分量外）をふり、貝と貝をこすり合わせるように洗い、水で洗い流す。これを2〜3回。ザルにとってレモン汁をかける。

② あさりを平鍋に入れ、火にかけ、白ぶどう酒をふり、ローリエ1枚を加えて蒸し煮に。口が開いたら貝殻を1枚はずし、返し汁は漉しておく。

白ぶどう酒を入れたら、蓋をして貝の口が開くのを待つ。ローリエも忘れずに。

貝殻を片方はずすのは、食べやすさの工夫、そして塗り物など器を傷めないため。

小松菜の葉と茎は別物と考える。分けて水につけておけば、自然に汚れが落ちる。

茹でるときも、葉と茎は別々に。茎も葉も、それぞれみじん切りにしておく。

葉の部分のみ、ミキサーにかけてピュレ状にしておく。少し水を加えたほうが回しやすい。

③ 小松菜は茎と葉に分けて水を張ったボウルにつけておく。それぞれ塩茹でし、冷水にとり、水気をきる。
④ ③の葉・茎はそれぞれみじん切りにし、葉はミキサーにかける。
⑤ 玉葱は3㎜の薄切り、長葱は2㎜の小口切り。じゃが芋は皮をむき、厚さ1㎝のいちょう切りにし、水に10分つける。
⑥ 鍋にオリーブ油、玉葱、長葱を入れて火にかけ、弱火で蒸らし炒めする。次に、じゃが芋を加え、ローリエ1枚を入れて五分通りやわらかくなるまで蒸らし炒め。さらに小松菜の茎を加えて炒める。
⑦ ひたひたのブイヨンを加え、②の返し汁、塩半量を加え、やわらかくなるまで煮る。
⑧ 粗熱をとり、ローリエをはずして、ミキサーにかける。
⑨ 鍋に⑧を漉しながら入れ、ピュレ状にした小松菜の葉を加え、ブイヨン、牛乳で濃度を調節し、塩で味をととのえる。あさりをのせ供す。

玉葱は薄切り、長葱は小口切りに。玉葱だけで作るより味に深みが出るので、省かずに。

じゃが芋は1㎝のいちょう切り。アク抜きのため水につけるが10分以内に。

じゃが芋が透き通ったら、みじん切りの小松菜の茎を加えて、さらに蒸らし炒めする。

チキンブイヨンを加える。市販のものもいいものが出てきている。

粗熱をとったスープをミキサーにかけて、漉す。ミキサーにかけた葉はその後、加える。

第2章　四季のスープ

粥の豆乳がけ 青菜のピュレ添え

四様の味わいで食す。味覚を満足させる工夫を病人食にも。

味覚というものは、なかなか注文の多いものである。わがままではなく、面白味だと思う。皆さまも菜飯をお好きだと思う。とくに嫁菜など香気溢れ、一椀に春が漲る。しかし、一杯目より二杯目は箸が重く、最終の一口二口は、悪いけれど白いご飯がほしいなぁ、の顔になる。「菜飯を作るときは、菜をご飯全体にまぶすものじゃないよ、白いご飯を必ず欲しがるものよ」。そして、必ず白いご飯の部分をよけてとっていた。母は人間をよく知っていたと思う。この白粥と豆乳・クロロフィルは、この道理の応用である。提案の伏線は、病人に食事をすすめる場合のあれこれに当てはめていただけたら、である。

白粥に／温めた豆乳を落とす／豆乳とクロロフィルを混ぜる／間で白粥のみ／クロロフィルのみ落とす／間々で梅びしお。

四様の代わりがわりで、思わず一椀食べられた！　これを「豆乳は栄養よ、クロロフィルはビタミン山々」と全部全体混ぜ合わせたら、いかに理屈で励まされても、一椀を食べ終えるだろうか。病人は赤裸に人間を見せるもの。

小松菜は、葉と茎、中央の小さな葉と分けて扱うこと。

湯にオリーブ油を入れるのは、アクを収めるため。

今回は、葉のみ使い、青々としたピュレを作る。

茹でた葉は揃えてみじん切りにし、ミキサーにかける。

● 材料

粥　適量（米1に対し水5の割合）
小松菜（葉の部分のみ）　適量
塩　適量
オリーブ油　大匙1
豆乳　適量

● 作り方

① 小松菜は茎と葉の部分をちぎり分け、それぞれ水につけておき、汚れを落とす。
② 土鍋に、洗った米と水を入れ、粥を炊く。
③ 沸騰した湯に塩とオリーブ油を加え、小松菜の葉のみ茹でる。冷水にとり、軽く絞り、みじん切りにしたものをミキサーにかけてピュレ状にする。
④ 粥に、温めた豆乳と③のピュレを添えて供す。

病人は食には
わがままでいいと思う。
豆乳をかけ、青菜をかけ、
白粥だけを食べ。
自在な味の変化は、食の愉しみ。

第2章 四季のスープ

新玉葱のスープ煮

グラッセした玉葱を丸のまま。代謝機能が落ちる季節の食卓に。

新玉葱が出回ると、必ず作るのが玉葱の丸ごと煮だ。規格外の小ぶりのものは直径三、四センチなら理想的。全形のまま用いると、独特の美味がある。外側が内側の甘みを守り、すっぺりした芯のあたりは新野菜の旨みそのもの。玉葱の本質を理解する手がかりにもなろう。

なぜなら、日本人は大根を知るように、玉葱を知らない。江戸時代に渡来したとされるが、一般に食べられるようになったのは明治10年代だという。まだまだ、もらうべき玉葱の恵みをいただいていないように思うからだ。

古代ローマでは大きな真珠と称され、薬草の一つとして重用された玉葱。血栓や動脈硬化の予防、抗がん作用、抗コレステロール作用、高血圧・糖尿病改善などが確認されている。これだけある薬効を、あますことなくいただくには、丸ごとのスープ煮しかありえない。

野菜はすべからく旬のものを。この風土で生きやすく生きるため。その季節に食べるべき料理を掌中にし、毎年くり返し、食べてゆくのが人の知恵というものだろう。

初めに鍋にオリーブ油を入れ、玉葱を入れてから火にかけることが肝心。

玉葱を転がし透明な飴色になるまで炒め、水、昆布、梅干しの種、ローリエ、塩を加える。

紙の蓋をして、玉葱がすっかりやわらかくなるまでくつくつ煮てゆく。

竹串が中心まですっと通るようなら、充分にやわらかくなっている証拠。

◎材料（作りやすい分量）
新玉葱（小ぶりのもの）　10〜13個
オリーブ油　大匙3
水　適量
昆布　（5㎝角）3枚
梅干しの種　2個
ローリエ　2枚
塩　適量

◎作り方
① 玉葱の皮をむき、ソトワール（平鍋）にオリーブ油とともに入れ、火にかける。火力の強さは、10を全開としたら3程度で。蓋をして、転がしながら全体を透明な飴色になるまで焼き付ける。
② 玉葱が飴色になったら、水を玉葱の高さの半分ほどまでさし、昆布と梅干しの種、ローリエ、塩を加える。紙蓋をして、つやが出るまで煮る。
◎グラッセとは、つや煮のこと。玉葱をつやつやっと仕立ててこそグラッセ。
◎グラッセした玉葱を保存して、食事ごとにチキンブイヨンを加え、炊いて塩で味をととのえ、供すこともできる。

昆布と梅干しとともに煮ることで、栄養価・保存性が高まり、爽やかさも添えてくれる。

新玉葱のスープ煮を使って

地鶏の水炊き

昆布、梅干し、干し椎茸の他に、米を入れる。旨みを添えてくれる。

あつあつのスープで暑気払い。玉葱三個はつるっと入る。

料理のレシピによく、一人何mℓ、一人何個などとあるが、つくづく料理指導の功罪だと思う。台所に立つたびに一から煮炊きをするのでは、家庭をあずかる者が消耗するばかり。取り出して味噌をおとすだけ、スープを加えてゆくだけというように、すでに煮炊きしたものを持っている、という生活をしなければ。それが暮らしというものだと思う。

ここでは、地鶏の軟骨の成分コンドロイチンと新玉葱の精気を取り入れ、梅雨をしのぎやすくする、いわば先手料理。8ページで紹介したチキンブイヨンと、30ページの玉葱のグラッセ（新玉葱のスープ煮）を作り置けば、容易に展開できる重宝なもの。

玉葱のグラッセとは、艶煮のこと。オリーブ油で焼き付けることで玉葱臭さが消え、甘みが出る。そのとき少し色づく程度にする。旨みが、これで決まる（十個以上、一度に作っておけばスタッフドオニオンにして付け合わせに、またぽったら煮にしてよし、そぼろあんかけにしてよし、と展開は自在）。

鶏肉は、ほろりと身がはがれやすくなるまで煮る。昆布、干し椎茸、梅干しの他に、米を加えるのだが、この米が鶏の臭みを吸って、スープに旨みも添えてくれる。

玉葱と鶏肉を大皿に盛り。もみじおろし、万能葱、柚子胡椒、七味などの薬味、ポン酢や醤油を添えて供す――玉葱、一人三個はつるっ、軽いはず。スープは別の器にとり、極上の塩を好みで加え、いただく。

体が芯から温まる、とても気持ちのよい食べ方だ。

●材料（5人分）
玉葱のグラッセ　10個程度
地鶏骨付きもも肉　800g
米　ひと握り
昆布　（5cm角）4〜5枚
干し椎茸　3〜4枚
ローリエ　1枚
梅干しの種　1〜2個
粗塩　少々
レモン　（薄切り）2〜3枚
薬味
　大根おろし
　万能葱の小口切り
　柚子胡椒
　七味、寒作里（かんずり）
ポン酢、醤油

●作り方
① 鶏肉は湯引きし、水洗いする。これに米、昆布、干し椎茸、ローリエ、梅干しの種、粗塩、レモンの輪切りを加え、充分かぶるだけの水を入れ炊く。
② 鶏肉は骨が離れやすくなったら引き上げ、汁はきれいに漉してスープとする（足りない場合は、チキンブイヨンを足す）。
③ 玉葱のグラッセ、薬味などとともに供す。
● スープは日本酒を加えてもよく、好みで塩を加減する。

第2章　四季のスープ

ミネストローネ

あらゆるスープの基本は材料選びから始まる。豆は今年豆をぜひ。

ベーコンを入れると、その味で支配されてしまうので、入れない。どうしてもという方は、ベーコンのスモーク部分を切り取り、湯引いてから用いるとよい。

他にも、トマトを入れすぎない、オリーブ油を使いすぎない、煮すぎない。

最も注意すべきは、野菜の大きさを切り揃えること。味が違う。にんにくを加えても美味。

蒸らし炒めで引き出される野菜の力で、「平凡の非凡」に。

異国の方に、日本の風土を象徴する汁ものはと問われたら「けんちん汁」を挙げたい。

紹介するミネストローネは、けんちんのイタリア版と受けとめてくださるとよい。

材料の玉葱、人参、じゃが芋、セロリ、トマト、キャベツ、隠元豆。すべてあそこの風土の野菜。北部はこれに米。南はパスタ。そして仕上げにパルミジャーノ。そしてブイヨンの力。つまり全員集合である。


けんちんと異なる点は、具材をざっと炒めず、七分通りまで蒸らし炒めして、のちにブイヨンを加える。この手法のゆえに、人参の香りがじゃが芋に移らず、野菜のアクで汁が酸味をおびるなどのマイナス面があらわれない。


「蒸らし炒め」とは、相当なる調理技術改良であったと思う。

写真を穴の開くほど見ていただきたい。完全に切り、完全に蒸らし炒めすれば、味は自ずから備わる。自ずからという自然体に滋養といってよい程の力が生じる。

これは、当たり前に見えて、当たり前でないもの。平凡の非凡。こういうことに畏敬の念を持たなくなって久しい。だから、どこもここも底枯れしてゆく。

「スープの会」や、「良い食材を伝える会」で、また新聞、雑誌で私がつづけてきたスープ作りの提唱は、スープこそ家庭の最後の「とりで」との見通しによるもの。「愛」は知識と心、力を尽くしてどうしても表現してほしい。

切り揃えることは想像以上にむずかしいけれど、繰り返し練習したい。

蒸らし炒めをする鍋の中身の美しさを、よく覚えておいてほしい。

●材料（作りやすい分量）

玉葱　150g
人参　125g
セロリ　150g
じゃが芋（メークイン）　300g
キャベツ　5〜6枚
トマト　250g
下煮した白隠元豆★
　カップ1½と煮汁　適量
チキンブイヨン　カップ7〜10
にんにく　1かけ
ローリエ　1〜2枚
オリーブ油　大匙4
塩　小匙2〜3
パルメザンチーズ（パルミジャーノ・レッジャーノをおろしたもの）　大匙6
パセリのみじん切り　少々

●作り方

① 玉葱、人参、セロリ、じゃが芋はすべて1cm角に切り、人参、じゃが芋は10分ほど水につける。

② キャベツは2cm角、トマトは1.5cm角に切っておく。キャベツの芯の部分はなめ薄切りにする。

③ 鍋に玉葱とにんにくの薄切りを入れ、オリーブ油を加えて、色づかないよう中火の弱で蓋をきせて蒸らし炒めする。

④ 人参、セロリを加え、さらに蒸らし炒め。次にキャベツの芯を加え、さらに蒸らし炒め。

⑤ じゃが芋の水気をきって加えて蒸らし炒めをつづけ、八分通り炒まったところでキャベツの葉をさっと炒め合わせ、白隠元豆と煮汁、トマト、ローリエ、半量の塩、材料がかぶるぐらいのブイヨンを加える。アクをすくいつつ炊き合わせ、塩味を見て残りの塩で味をととのえる（チーズをふっていただくので、その分の塩分を考えに入れておく）。

⑥ パルメザンチーズとパセリをふり、供する。

★白隠元豆の煮方

① 白隠元豆は洗って一晩水につける（つけ水は豆の3倍の量に重曹を小匙1）。水を捨て、鍋に豆を移してたっぷりの水を加えて火にかけ、アクが出たところで茹で汁を捨て、再び温水を入れて洗っておく。

② 玉葱、人参、セロリは大きめに切っておく。

③ ①の豆を鍋に入れ、②の野菜、オリーブ油、クローブ、ローリエを加え、温水をたっぷり入れて煮る。豆が八分通りやわらかくなったら、玉葱、人参、セロリ、ローリエ、クローブを引き上げる。

第2章　四季のスープ

トマトジュース

トマト自体の味でジュースの味も決まるので、無農薬で、味のよいものを選ぶ。

幸せを支える「あって当たり前」の姿に気づく。

このジュースを飲んだ、ある料理番組担当者は「あ〜おいしい、胃袋に届く前に、胸の辺りで体に吸い込まれてしまった！」と喜色満面。大笑いしたのが忘れられない。このトマトジュースは市販では得られず、ガスパチョより万人に万事、重篤の病人がこれだけはおさまったとの報告もある。

わが家では、昭和21年盛夏から、トマトジュースとは、こういうものという、あって当たり前で飲んでいた。

庭のトマトの食べきれぬ分に、玉葱、人参、セロリ、調味料、少量の水を加えて炊く。初回からこの方法。

母は不思議な人だと思う。親であることは別にして、なぜ、いとも自然に香味野菜（ミルポワ）に手をのばしたのだろう。他の例を知らぬのに。

欧風料理のミルポワの歴史を調べていないが、昆布と鰹節が何処でどうして一つになったか不明の如く、明らかにしにくい。人類の幸せの七十％くらいは、「あって当たり前」が支えてきたのかもしれない。

第2章　四季のスープ

トマトジュース

切り方は写真を参考にしてほしい。味を引き出すためにも、2㎜ほどの薄切りで。

完熟トマトなので、へたも手で取れ、割るのも容易。酸味があるので、ホーロー鍋で。

材料（5～10人分）

- トマト（完熟）　1kg
- 玉葱　100g
- 人参　70g
- セロリ　50～70g
- にんにく　1かけ
- ローリエ　1枚
- パセリの軸　数本
- 白粒胡椒　4～5粒
- 塩　小匙1
- 砂糖　小匙1～2
- 水　カップ1～1½
- レモン　適量

作り方

① トマトは水を張ったボウルの中で布巾を使いよく洗う。

② 玉葱、人参、セロリは薄切り、にんにくはつぶす。

③ トマトはペティナイフか手でへたを取り、鍋中に割り入れる。②の野菜とローリエ、パセリの軸、塩、粒胡椒、水を加え、中火にかける。

④ 沸騰したらアクを取り、弱火にして約20分ふつふつ炊き出す。

⑤ 味をみて、酸味が強いようなら砂糖を加える。調味料はあくまで目安で、トマト次第で味は変わる。

⑥ にんにく、ローリエを取り除き、漉し器で漉す（軽くレードルで押さえるよ

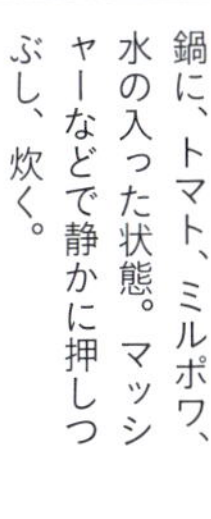
鍋に、トマト、ミルポワ、水の入った状態。マッシャーなどで静かに押しつぶし、炊く。

煮立ったら、蓋を開けたまま、弱火で20分。時間は目安。自分で味を確かめること。

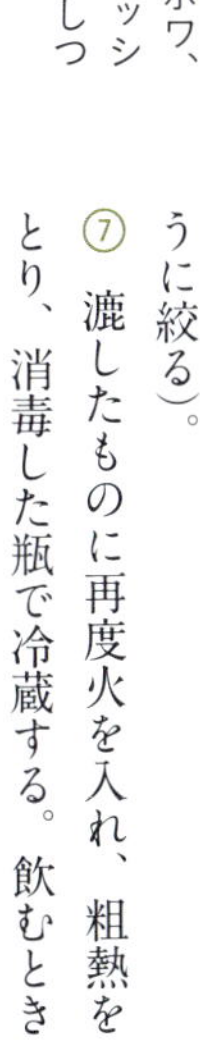
うに絞る）。

⑦ 漉したものに再度火を入れ、粗熱をとり、消毒した瓶で冷蔵する。飲むときにレモンを搾り入れる。

馬毛の漉し器が上等。漉し器を傷めないためにも、漉しながら、軽く絞る程度に。完熟トマトをもてあまさず、こうした扱いで生まれ変わらせてみる。市販のトマトジュースとの違いがわかるはずだ。

第2章　四季のスープ

ゴーヤの扱い・沖縄式

上・あばしゴーヤ。中央・一般的な長ゴーヤ。下・育ちきらないうちに収穫したもの。

すりおろしに添えたヨーグルトが、不思議に苦味をやわらげ、爽やかな食べ心地を作ってくれる。

酷暑をのりきる知恵、沖縄からの贈りものを全国へ。

「私たちは、ゴーヤをジュースにして飲むのよ」。楽しく自慢気に話してくださったのは、愛くるしい黒目がちの尚道子(しょうみちこ)さん——琉球王家の方。

ジュース——苦味は？　と不審のまま二十余年。しかし、ことここに至り、近年の連日30℃を超える夏日。何をもって、これに立ち向かい得るか、見習うべきものが琉球にあるのではないか、そして、忘れていなかった尚さんの言葉ともつながった。それで、尊敬する沖縄の食文化研究家、山本彩香(やまもとあやか)さん、安谷屋純一(あだにやじゅんいち)さんに詳細を尋ねた。生食には、苦味の少ないあばしゴーヤが適しているとか。あばしの表皮を静かにすりおろし、ヨーグルトを添えるのは彩香さん。おろしたものを絞り、レモン汁と炭酸を加えるのは安谷屋さん。どちらもゴーヤ独自、類(たぐい)のない生命力、頼りがいそのものだった。ゴーヤの苦味成分に抗酸化作用があり、抗がん、老化予防などの生理作用がある。ビタミンCはトマトの5倍、その他の有効成分も多く、加熱せず摂取するのは当然と思う。夏中、朝一杯飲めたらネ。

表面だけを、静かにすりおろすこと。青い部分だけをするようにする。

● 材料（作りやすい分量）

ゴーヤ（あばしという種類）　1〜2本
レモン　適量
炭酸水、プレーンヨーグルト　各適量

● 作り方

① ゴーヤは、青い部分のみすりおろす（白いわたに苦味がある）。
② ジュースにする場合は、きれいな布巾で絞り、レモン汁を搾り入れ、さらに炭酸水で割って飲む。
③ すりおろして食べる場合は、そこにレモン汁を搾り入れて混ぜ、ヨーグルトを添える（量は好みで）。

ソパ・デ・アホ（スペイン式にんにくスープ）

「平おし麩」は、新潟県の古金屋麩店のものを。
（☎0254・56・7150）

本来パンを用いるが、
つまらないフランスパンだと、
どろどろになる。
代わりに押し麩を用い、
スペイン人もたまげる美味にした。
器はテルエル地方独特のもの。

メリハリ文化圏の風土食が、日本人を救うかもしれない。

このスープは、典型的なスペイン独自のスープと言える（ポルトガルには似たスープがあるらしいが、欧州の他の国に例はないと思う）。

はじめてこのスープを口にしたとき、ドギマギし、スペインにいることをダメ押しされたような、痛快な納得が舌に残った。――何といっても、メリハリ文化圏の食べものなのだ。だから作る場合は、温帯気質をつかの間棚上げし、カスタネットの響きと調子を合わせるくらいの、気組みでなさるとよい。

お詫びをせねばならぬのは、なぜ、こうした食べものを、葱の類ではなく、にんにくで作ることになったのか。なぜそれがイベリア半島に定着したのか、が未だ調べきれていないことである。とりあえず言えるのは、「スペインという風土を生き抜く手応え」が、にんにくとオリーブ油にあったということだと思う。実は、皆さまに紹介しておこうとの理由はこの事実で、今後、日本の気候の変化に対処する、一つの目のつけ方かもしれぬと考えたからである。

ソパ・デ・アホ
（スペイン式にんにくスープ）

にんにくは輪切り、芽の部分を取り除く。オリーブ油とにんにくを入れてから火にかける。

にんにくが色づいたら、取りおく。香りのついた油を用い、同じ平鍋で押し麸を焼く。

●材料（4～5人分）

にんにく　2～3個
押し麩　5～6枚
オリーブ油　適量
ミルポワ（玉葱90g、人参60g、セロリ60g）
白粒胡椒　4～5粒
ローリエ　1枚
パセリの軸　適量
チキンブイヨン　カップ6
塩　適量

●作り方

① 押し麩は、水かぬるま湯でもどし、¼に切ってから、両手ではさむように水気を絞る（三角形の鋭角の部分から水がしたたるように絞る）。
② ミルポワを薄切りにし、チキンブイヨンとともに鍋に入れ、さらに粒胡椒、ローリエ、パセリの軸を加えて静かに炊く（20分目安）。その後、漉しておく。
③ 平鍋にたっぷりのオリーブ油を入れ、にんにくのスライスを加え、弱火でゆっくり炒める。にんにくがねちっとしてから火を消し、余熱で火を通す（ここであまり色がつくほど火を入れない）。
④ にんにくを取り出し、①の麩を焼く。
⑤ ②のスープに塩を入れ沸かす。焼いたにんにくと麩を入れ、しばらく炊いたら出来上がり。

四つ割りにした押し麩の水を切るときは、両手ではさみ、三角形の鋭角の部分を下にする。

平鍋に押し麩を入れ、焼きつけていく。こんがり焼いたほうが香ばしい。

チキンブイヨンの代わりに、煮干し出汁でもよい。手軽に使える「潮の宝」が便利。茂仁香（☎０４６７・２４・４０８８）で入手可能。

モーウィの椀物二種

★下煮したモーウィ
沖縄の冬瓜、モーウィは厚めに皮をむいて4㎝角にし、出汁で炊く。塩、みりん、薄口醤油で薄めに味をつけておく。

具沢山に豆乳を加え、薬食一如の一椀に仕立てる。

私は、母の心尽くしのおつゆで守り育てられた。夏の間は、「泳ぎたいなら、これを飲んでから」と言われて、冬瓜(とうがん)のおつゆをいただいた。温かいものを、は代謝を考えてのことだろう。今思うと、確かに「守られてきた」。この「守る」という言葉の深さをしみじみ思う。

年々日本の夏は厳しく、長くなる。沖縄では、10月まで冬瓜に似たモーウィという瓜が採れる。その習慣を、恩恵としてありがたく頂戴した。

モーウィとは、別名「越瓜(えつか)」。琉球王朝時代の宮廷料理の食材だったとか。冬瓜に似ているが、もっと密度が高く、すっぺりしたなめらかさが格別。

出汁は、ここでは鰹と昆布の一番出汁を用いたが、こだわらずに作れる。あご出汁、干し海老・干し貝柱、チキンブイヨンもよい。上等に仕立てたいのなら、汁の一部で海老のたたき身をさっと炊き、葛を引くと、もてなしとなる。

右の椀は、あっさりと。左の椀は、母がいつも加えていた枝豆、油揚げ、椎茸を。私は最近では、これに豆乳を加えている。「守る」の原点は、薬食一如(やくしょくいちにょ)。叶うならば、生薬(しょうやく)学の分野で、植物の薬効だけでなく、「食」とした場合の効能をも研究してくださる方があらわれてほしいものと願う。

● 材料（作りやすい分量）

下煮したモーウィ★　5～10切れ

煮汁　カップ5～6

塩　少々

薄口醤油　少々

葛　適量

水　適量

右の椀種（枝豆、茗荷　各適量）

左の椀種（枝豆、油揚げ、椎茸、豆乳、茗荷　各適量）

● 作り方

① 枝豆は塩茹でし、さやから出して、薄皮をはずしておく。

② 鍋にモーウィと煮汁を入れ、塩、醤油で不足分の味を補う。

③ 枝豆を加えて温め、水溶きした葛を流し入れる。

④ 右の椀は、③を盛り、茗荷の薄切りをあしらう。左の椀は、③の枝豆と同じタイミングで、細切りにした油揚げ、薄切りにした椎茸を入れ、さらに豆乳を加えて温める。椀に盛り、茗荷をあしらう。

● チキンブイヨンを用いるなら、鶏そぼろを加えてもよい。この一椀がどれだけ一日の力になることか。

きゅうりと油揚げの葛仕立て

もちろん普通のきゅうりでも美味しくできる。
太くて大きいきゅうりを使う場合は皮が固いので、だんだら縞にむく。

喉ごしとろっ、食感爽やか。暑い日の終わりに、ほっとする一椀。

チキンブイヨンを、ここでは、日本風の扱いにしてみたい。

大きく育ちすぎたきゅうりを〝お化けきゅうり〟と呼んでいるが、この使い道を考えていて、この椀ものが生まれた。きゅうりなど瓜の類はすべて、腎臓の薬。体内にたまった余分な水分を排出する作用がある。それを葛仕立てにするのは、冷房や冷たい食べ物・飲み物で冷えきった体を温め、養生するため。夏こそ温かいものを食べていただきたいからだ。

とろっと喉ごしがよく、食感は爽やか、暑い日の終わりにほっと息がつけるはず。

さらに、帆立など具を加え、牛乳や生クリームを入れれば、こっくり。滋養ある一品にして、紫蘇のおむすびなどを添えれば、清々しい朝食となる。

きゅうりは輪切りにするが、皮が厚いときには皮をむき、種が大きいときは種を取り除くなどしてから、水にさらす。

きゅうりの代わりに角切りの冬瓜を使っても美味。その場合、オリーブ油で焼きつけるとよい。蓋をきせて、じわじわと。皮目から焼き、少し透明になったらわたの方を焼く。四分通り火が通ったら、湯引きベーコン、玉葱、人参、セロリを入れて、蒸らし炒め。そして、ブイヨンを、冬瓜が半分かぶるくらい入れて炊く。塩、梅干しの種を三個ほど入れてスープ仕立てにすると、楽しみにいただける。

塩にはない旨みが梅干しにはあり、味の深さが違ってくる。保存効果もある。

材料（5人分）
お化けきゅうり（太くて大きいきゅうり）
　4本
油揚げ　2〜3枚
干し椎茸　3枚
枝豆（塩茹で）　適量
茗荷　適量
薄口醤油　大匙1強
塩　小匙1強
チキンブイヨン　カップ6〜
葛または片栗粉　大匙3

作り方

① 太くて大きいきゅうりは厚さ2cmの輪切りにする。皮が厚いときは皮をむき、種が大きいときは半割りにして種を取り除く。これを水に10分ほどさらす。油揚げは油抜きして短冊に切る。干し椎茸は水でもどして切る。

② 鍋に①のきゅうりを並べ入れ、油揚げ、椎茸も入れ、半量ほどの塩、醤油を加える。ブイヨンを材料が2cmほどかぶるくらいさして炊く。

③ ②がやわらかくなったら、ブイヨンを適量足し、塩、醤油で味をととのえる。

④ 葛または片栗粉をブイヨンで溶き、③に流し入れ、軽いとろみをつける。茹でた枝豆を散らし、茗荷の薄切りを添える。

第2章　四季のスープ

揚げ茄子の味噌汁

蓋をきせることで、
茄子の中まで火が通りやすくなる。

味噌汁をまとめて作っておいてほしい
理由がある。
時間のない現代人は、
手品のように料理を作り出す手段を
もたねばならぬからだ。

丸揚げした茄子を展開。八丁味噌で仕立てて上等、夏の美味。

油処理し（アク抜き）、火が通っている。こうした具材の用意があり、汁に投じ馴染ませ炊きすれば、箸をとるだけ。「生きてゆきやすさ」の一案と思う。

味噌汁は三回分まとめて作る。冷蔵庫の奥に収納すれば、三日は保つはず。「夏休みになると、毎日、茄子の味噌汁喰わされて、あれにはまいったなあ」。父の思い出話に共感したのは、何歳頃であったか。長じて、その汁を作る娘になったが、茄子のアクっ気と味噌の汁は相性不足であることがよくわかった。

母が、いつ、この汁に見切りをつけたか、ある日、輪切り茄子の油焼きが具になった。とくに八丁味噌仕立て、茗荷（みょうが）の吸い口は申し分ない。美味に作るコツは、イタリア式散塩法でアク抜きすること。日本式では油じみて始末が悪い。ついて回る悩みは、油焼きした鍋を、そのつど洗わねばならぬところ。

それを解消したのが、ここで紹介する方法。ただし焦げ目のかもし出す旨みを失っている。

この世は、一つ良ければ、一つ悪いのかな？　ままならないけれど、少しずつでも、ものごとをよい方向へもってゆきたいのが人間なのですね。

●材料（作りやすい分量）
茄子　3〜4本
揚げ油　適量
出汁　カップ5〜6
八丁味噌　100〜120g
茗荷　適量
青紫蘇　適量

●作り方
①茄子を洗って水けをよく拭き取り、数か所に穴を開け、丸のまま素揚げする。蓋をきせ、1〜2度天地返しをして3分ほどで揚がる。
②丸揚げした茄子を、1cmくらいの輪切りにする。
③八丁味噌は、すり鉢でなめらかになるまですっておく。
④出汁で八丁味噌を溶きのばし、鍋で温める。
⑤①の茄子を入れる。椀に盛り、茗荷のせん切り、紫蘇のせん切りをのせて供す。

●味噌汁をまとめて作りおきする場合は、③の段階で、出汁で味噌を溶きのばし、一度火入れをしてから清潔な瓶などで冷蔵保存する。

茄子と大麦のポタージュ

ベーコンの代わりに、塩豚を使ってもよい。緑の燻製部分はかならず取り去る。

茄子は油焼きすることが多い。
そのとき、切り口に塩をふってみてほしい。
10分ほどおくと不思議にアクがふき出る。
それをさっと水洗いし、
きっちり布巾で拭いてから焼くと
余計な油を吸わず、最初の油だけで最後まで焼ける。
油で揚げるときも同様。

滋養あふれ、味わいやさしく。フランスパンを添えて、休日の昼食に。

夏になると茄子のおいしい季節がやってくる。

その栄養価はとりたてて証明されているわけではないが、夏から秋にかけ、花の数だけ実になる理由はかならずあるはずだ。

材料の分量を見ていただきたい。これだけたっぷりの茄子をスープでいただけるということを、ぜひ皆さんに知ってもらいたい。もちろん茄子の味もしっかり味わうことができるが、それには「アクをどうするか」が問題になる。

◎まずは塩での下拵え。茄子の皮をむいて塩水につけるが、ちゃんと吸い物の味くらいの塩水にする。自然とアクをひく力がある。拍子木に切ってからも塩水にさっとつける。肝心なのは、きちんと水分を布巾で取ること。仕上がりの味が全く違ってくるからだ。ここが、実行する人としない人の違いが出てくるところ。

◎次にベーコン。これも茄子のアクに対して入れるもの。

◎そして、大麦が入る。大麦や米、小麦粉というのは、アクを解消する力がある。牛乳にも同じ力がある。

これら、アクに対する処理法は応用がきくので、ぜひ覚えていただきたい。

また、大麦の力は驚くほど。軽い粘りは旨みを作り、つぶつぶした食感もよい。ボリュームも滋養もたっぷり。これに、チーズとフランスパンでも添えれば、立派な昼食になる。

茄子は塩水でアクを抜く。拍子木にした後も塩水につけ、水気をきっちり拭くこと。

◎材料（7～8人分）
茄子　7～8本
玉葱　130g
セロリ　60g
ベーコン　100g

大麦(蒸してつぶして乾燥させた押し麦)
100g
チキンブイヨン　カップ8〜10
ローリエ　1〜2枚
塩　小匙1½〜2
白ぶどう酒　カップ¼
オリーブ油　大匙2
薬味
茗荷　適量
青紫蘇　適量

●作り方

① 玉葱、セロリはみじん切り。ベーコンは縁のスモーク部分を取り除き、湯引きしてから小さく切る。大麦はさっと洗い、水につける(20分)。

② 鍋にオリーブ油を入れて玉葱を炒め、セロリ、ベーコンの順に加え、時折蓋をきせながら蒸らし炒めする。ここに①の大麦を入れて炒め、白ぶどう酒を加えて水分をとばす。ブイヨンの⅔量ほど加え、塩をほんの少々、ローリエを入れて充分やわらかくなるまで煮る。

③ この間に茄子の皮をむき、塩水にさらす。拍子木に切り、さらに新たな塩水につける。水洗いして水気を布巾で取り、②に加える。

④ ③の茄子が煮えたら、ブイヨンで濃度と塩分を調整する。盛りつけて、青紫蘇、茗荷のせん切りを添える。

第2章　四季のスープ

かぼちゃのポタージュ

洋風のスープには皮がつるっとしたかぼちゃのほうが合っている。

すべての野菜は皮の下に独特のビタミンがある。「かぼちゃの皮も浮き身にしたかったが、成功しない。そのうち、よい扱いを見つけたい」

今こそ頼り、試すべきは、生命が凝縮された「種子」の力。

何だ、かぼちゃのポタージュ――ことあらためて、何を取り上げるのか？　読者のいぶかりを感じる。しかし、材料表を丁寧に読んでほしい。過去のかぼちゃスープのいずれの処方にも、登場してこなかったものが記載されている。

それは「種子」だ。

種子は、そのものの生命の凝結したもの、らしさそのもの。かぼちゃに頼るなら、まず種子に頼るべきであった。「試みてみよう」というのが、このスープだ。

いずれ、種子ありと種子なしの差は、食品分析学で明らかにしていただくつもり。では「味」の差は？　と申すと、今のところさしたる差は感じられないのが、正直のところ。扱いは、種子とその周囲のさなは、先行してブイヨンで炊きだし、実のほうは別鍋で玉葱と炒め合わせればよい。

冬瓜の種子から飴を作り、しみの予防薬を作る方もある。勉強的に生きるのは楽しい！

種とさなはブイヨンで炊き、スープに用いる。水で炊いてもよい。使う分量は加減してよい。

●材料(5〜10人分)

かぼちゃ(種子、さなを含まない)
500g

玉葱　150g

トマト　100g

チキンブイヨン　カップ5

牛乳　カップ1〜2

塩　小匙2

ローリエ　1〜2枚

オリーブ油　大匙3

●作り方

① かぼちゃの種子とさなをチキンブイヨン(分量外)で炊く。

② 玉葱は2㎜の薄切り、かぼちゃは皮をそぎ、7㎜のくし形、トマトは皮と種子を取り、粗みじんに切る。

③ 冷たい鍋にオリーブ油を入れ、玉葱を加えてなじませ、ローリエを加え蒸らし炒め。

④ 玉葱が透明になったら、かぼちゃ、トマトを加え、蒸らし炒め(水を少量さすと焦げない)。

⑤ ブイヨンを半量、①の種を炊いたスープを適量注ぎ、塩半量を加えて炊く。

⑥ 粗熱をとってミキサーにかけ、漉す。

⑦ 牛乳、ブイヨンを加えて濃度を調整し、塩で味をととのえる。

おじや風大麦スープ

小豆も加えて、歯ごたえのみならず、栄養価もぐんと高めている。これに、パンを添えれば立派な昼食になる。

このおじやには
何を入れてはいけないということはない。
別の日にセロリを加えてみた。
味わいは深くなり、さらに口当たりは丸くなった。

大麦でとろり、里芋はむっちりと。見事な食感のハーモニー。

おじやと雑炊の味の相違は、おじやは米の粘りをあまり気にせず煮込み、それが家庭ならではの温かみに通じるようなもの、雑炊は米飯を洗い、米の粘りを出さぬよう気遣う必要がある。具を気取って、贅沢することもできる。

おじやも雑炊も、あり合わせの出汁。清汁、味噌汁、鍋物の残り汁などに頼るが、残り物を用いる場合、ずるをしてならぬのは、一度その汁を漉して用いること。

おじやは、ご飯をそのまま用いる方がおいしく、雑炊は、さらりと食したいゆえ、ザルに飯を入れ、散塩し、水洗いして用いる。米の味を抜かずに、さらりと食せるコツである。スープの浮き身にする場合も、同じ洗い方をする。

「おじや風大麦スープ」は、出典は八丈島。昔の八丈島の大麦、里芋、明日葉のおじや。米でなく麦が常食だった島の歴史からヒントをいただいた。スープに適する麦の食感に、里芋は揚げて加えることで、溶け出すことを抑えてやわらかくし、明日葉の香りで食すが、なかなかまとまった味となった（ベーコンを用いてもよい）。

隠し味となる葱の類は、日本葱でも玉葱でもよいが、葱の良否はスープの味全体を左右するから、充分に吟味すること。

里芋を揚げる油は、少量でよいから、新しいものを用いる。

このスープは、砂肝と里芋、明日葉といった絶妙な取り合わせにより、心身の疲労回復にすこぶる役立つ。作る者も疲れないから、ぜひ作り慣れていただきたい。

材料（5人分）

出汁（あり合わせのもの）　カップ8
大麦　100g
にんにく　½かけ
玉葱　80g
ベーコン　50g
砂肝　150g
里芋　5〜6個
揚げ油　適量
小豆　適量

茸類　適量
明日葉　適量
オリーブ油　大匙2
塩　小匙1½〜2
胡椒　少々
ローリエ　1枚

作り方

① 大麦は洗い、30分ほど水につけておく。にんにく、玉葱はみじん切り。ベーコンは周りのスモーク部分を切り取り、湯引いて小さく切る。小豆は茹でておく。
② 砂肝は、包んである袋(皮)を取り、塩湯で湯引き、小口切り。
③ 里芋は小さめの乱切りにして、素揚げにする。
④ 鍋にオリーブ油を入れ、にんにく、玉葱、ローリエを入れて火にかけ、玉葱の刺激臭がなくなるまで蒸らし炒めする。さらに、ベーコン、砂肝を加えて炒め合わせ、水気をきった大麦を加える。焦がさないようなじませてから出汁を加え、やわらかく炊く途中、小豆を加える。
⑤ 茸類、揚げた里芋を入れて炊き合わせ、塩、胡椒で味をととのえる。仕上げにさっと茹でて食べやすい大きさに切った明日葉を入れ、供する。

スペアリブと大根のスープ

骨まわりのエキスで煮込む大根。トマトの酸味で爽やかに。

肉を食べるなら「全体食」しなさいと言い続けている。ゼラチン質、カルシウムなど肉類からの養分を余すことなくいただくためだ。おいしく食すこつは、ひとえに丁寧な下拵え、そして不必要な脂を取り除くことに尽きる。スペアリブに塩をしておく時間、炊き、脂が固まるまでの時間、それらの手間を考えると怖気（おじけ）づくかもしれない。しかし、このスープも肉も、他の料理に展開できる。そう考えれば、合理性そのものなのだ。

「合理性」と「簡単」は次元が異なる。「簡単」は本来、必要な手立て、事柄を省くが、「合理性」とは、充分に分析しなくてはならぬことに手を尽くす姿勢だ。方法、技術をどのように時間の中に組み入れてゆくか。これは、知性の具現化である。

大根を合わせたのは、洋風おでんの発想。大麦を入れることでミネラルを補給、とろみも出た。さらにトマトの角切りで酸味を加え、食べ心地をつくってみた。

11ページのプロセス⑥を参照。肉を取り出し、漉すことで雑味がなくなる。冷蔵、冷凍保存可。

大根は乱切りにする。糠を入れた水から茹で、透明感が出たら湯に取り、洗う。

トマトは湯通しして、皮をむく。皮もスープに入れるのでとっておく。

トマトを小さな角切りに。種は取らなくてよい。出来上がる少し前にスープに加える。

スープに大根、大麦、トマトの皮を入れて煮る。皮の栄養もいただくため。

肉を加えて温める。肉の塩味があるので、必ず味をみて、必要なら塩でととのえる。

◎材料(作りやすい分量)
スペアリブのブイヨン　カップ5~6
スペアリブ　600~800g(ブイヨンをとったあとのもの)
大根　1kg
糠(大根下茹で用)　適量
トマト　(中)1個
大麦　適量
チキンブイヨン　カップ4

◎作り方
① 大根は斜め乱切り、糠水で茹で、湯で洗う。
② トマトを湯むきし(皮も使う)、小さな角切りにする。
③ スペアリブのブイヨンに大根、大麦、トマトの皮を入れ、煮る。
④ スペアリブを加えて温め、トマトの皮を取り除き、トマトの角切りを加える。味をみて、チキンブイヨンで塩加減をととのえる。

このスープは、不必要な脂を丁寧に取り除くことが味を左右する。が、料理によっては、ある程度、脂が必要なこともある。

第2章 四季のスープ

ガリシア風隠元豆のスープ

白隠元豆はくれぐれも今年豆を使うこと。(煮方は35ページ参照)。豆の味が決め手なので。瓶詰はスペアリブの茹でたもの。

塩味のみでシンプルに、豆はスペイン風の扱いで炊く。

白隠元豆のほかに、虎豆、金時豆、うずら豆、黒隠元、花豆……種類はたくさんあって、〈隠元の仲間だけで楽しい本の一冊が出来てしまうほど〉。

以前に出した私の本『ことことふっくら豆料理』の中でこう書いたことがあります。それほど、隠元豆は、栄養・味ともに申し分なく、もっと親しく使いこなしてもらいたい食材の一つ。

ただ一つ問題なのは、日本では、砂糖で炊かれることが多いこと。青森では「粥の汁」と言って、いりこの汁に刻んだ野菜と共に隠元豆を煮て食べたり、ご飯に加えたりして、塩味で豆を食べることもある。

隠元豆の原産地・中南米、スペインなどでは、日々のスープに豆を入れ、ときに主食として、ときにはわざとつぶして食感をかえ、豆料理が日常に定着している。日本でも、塩だけの味で、シンプルに味わう豆料理をもっと食卓にのせてほしい――そう願いながら、ここでは洋風の扱いを紹介したい。

残念ながら日本は隠元圏ではないので、とれる豆の皮は固く、アクも強いのだが、それを不思議と解消してくれるのが、副材料の力。オリーブ油や動物質のもの、野菜と共に炊くことでアクが中和され、豆をやわらかくし、底力をつけるのは、それはそれは不思議な思いがするほどだ。

キャベツの始末も覚えたい。やわらかい葉はざく切り、芯の部分は別にして、斜め薄切りにする。

●材料（作りやすい分量）
下煮した白隠元豆　カップ2
★煮方は35ページ
スペアリブ　600〜800g
（ブイヨンをとったあとのもの）
キャベツ　400g
蕪　4個
スペアリブのブイヨン　カップ5〜6
チキンブイヨン　カップ1〜2
豆の煮汁　カップ3
塩　適量
オリーブ油　適量
ピメント（またはパプリカ）　小匙2

●作り方
① 蕪は皮をむき、縦半分〜4つ切りにして、塩少々、オリーブ油少々とともに茹でておく。キャベツの葉はざく切り、芯の部分は薄切りにしておく。
② 鍋に豆を入れ、10ページで紹介したスペアリブとブイヨン、豆の煮汁を豆の2cm上まで入れ、キャベツの芯を加えて豆がやわらかくなるまで煮る。キャベツの葉を入れて煮、蕪を加え、チキンブイヨンと塩で味をととのえ、仕上げにピメントをふる。

スプリット・ピーのスープ

材料は豆の大きさに合わせて切る。味が決定的に違うのでおろそかにしない。

オリーブ油がアクや刺激臭を取ってくれる蒸らし炒めは、素材を活かす手法です。

野菜を数種類、渾然一体にして心地よく食すために。

ポタージュといってイメージするのは、どんなスープだろう。実はポタージュとは、火の上でものを炊きだしたもの、という意味。つまりスープの総称。

その中で、澄んだものがポタージュ・クレール。とろみのあるものをポタージュ・リエと言う。リエとは、つなぎのこと。

じゃが芋や、米などを用いてとろみを出す——リエすることで、汁ものはすっと体に入っていく。

ここでの素材は豆、だ。

乾燥豆には、大豆、白隠元豆やレンズ豆、うずら豆に干し豌豆……といろいろある。

スプリット・ピーは、言葉どおり干した豌豆の皮をむき、半割りにしてあるもの。難なく炊け、滋養にとんでいるので、日々の暮らしにぜひ取り入れたいものの一つだ。

最近、スーパーでも見かけるが、必ずよい店で、今年豆を手に入れてほしい。味が違うのだ。

乾燥でなく、野菜豆(生の豆)でももちろんいい。ソラマメや実豌豆はポタージュの材料として最適。

さて、このスープは、野菜を細かく、豆の大きさに揃えて切っているが、それが味を大きく左右するからだ。何より舌触り、そして数種類の野菜を一度に渾然一体に味わうため。

素材の三分の二をレードルでつぶすのは、リエするため。三分の一はそのままで、野菜の食感を残す。つぶしたものが、半ば形のあるものにからまり、一つの味になることを楽しんでいただきたい。

材料(作りやすい分量)

- スプリット・ピー(乾) カップ2
- 玉葱 150g
- セロリ 70g

人参　70g
ベーコン　70g
チキンブイヨン　カップ4〜5
ローリエ　1〜2枚
塩　小匙1½
牛乳　適量
オリーブ油　大匙2

●作り方

①スプリット・ピーは水を何度も取り替えて洗い、一晩水につける。水を捨て、豆を鍋に移し、たっぷりの水を入れて火にかける。アクが出たところで茹で汁を捨て、再び温水を入れて少し煮て、煮汁をきっておく。

②玉葱、セロリ、人参を豆の大きさ5〜6㎜角の薄切りにする。

③ベーコンは周囲のスモーク部分を取り除き、湯引きした後5㎜角に切る。

④鍋にオリーブ油、ベーコンを入れて火にかけ、ベーコンの脂が出たところで玉葱、人参、セロリを入れ、ローリエを加えて蒸らし炒めにする。

⑤④に①のスプリット・ピーを入れ、全体によく蒸らし炒めできたところに、豆がかぶるくらいにブイヨンを入れ、充分に豆がやわらかくなるまで煮て、塩を入れ、⅔ほどレードルでつぶす。濃度を見てブイヨン、牛乳を入れ、塩味をととのえる。

大和芋の清汁

「蛇の卵だよ」と笑っていた祖父。
80年ぶりに、祖父の膝で食べた記憶が蘇った。
写真より、もっと小さい卵型でもいい。

姿はぽったり、喉ごしつるり。椀の中の景色も楽しみつつ。

私はいつの間にやら、90歳を越えた。これが「年齢かな」とにんまりすることの一つに、幼少時の日常生活を、なぞるように思い返している自分がある。

このお椀も、その一つ。鉄瓶のたぎる音が聞こえるほど静かな、祖父の茶の間。

真冬は、よくこの山芋の清汁が夕食のお膳にのった。黒塗りにぽっかり浮く真っ白の卵型、冴えざえとした青み、黄色いへぎ柚子一片（他国のスープには見られぬ美意識）。山芋は、ふにゃっと、つるりと喉を通る。子ども心に、同じ白でも豆腐ともはんぺんとも違うなあと思う。

大変美味しいからというすすめ方は控えるが、厳寒の医食同源的椀種の意味はあると思う。材料は、自然薯、つくね芋、大和芋まで。刻んで食す長芋では作れない。作り方は、芋は、おろし金では扱えない。必ず擂り鉢の筋目で芋をおろし、それを擂りこ木でよくあたる。フードプロセッサーではかなわぬ仕事である。

山芋の真っ白は他の椀種の白とは異なる、光沢をおびた「白」であるところに気づいてほしい。

材料（作りやすい分量）

- 大和芋（自然薯、つくね芋でも）　適量
- 一番出汁　カップ6〜8
- 塩　少々
- 薄口醬油　少々
- へぎ柚子　適量
- 青み（春菊の柔葉など青みなら何でもよい）　適宜

作り方

1. 鍋に一番出汁を温め、塩、薄口醬油で味をととのえる。
2. 大和芋をすり鉢でおろし、よくあたる。
3. スープスプーンを2本使い、卵型にまとめつつ、清汁にぽとっと落とす。ふっと浮いてきたら火を止める。さっと二番出汁にくぐらせた青み、へぎ柚子をのせて供す。

日本葱のヴルーテとそのスープ

赤葱は力のあるいい葱。他の葱でもよいが、新鮮なものを選ぶ。

ヴルーテとは、炒めてブイヨンなどを加え、ビロード状にしたもの。

風邪をひかずに春を迎える知恵。今や通年、常備してよし。

冬の間、私はほとんど風邪をひかない。人ごみを避けているからとも考えていたが、それだけではないことが解けてきた。

２０１３年１月の朝日新聞天声人語が「富山大学の林利光（はやしとしみつ）教授らのネギの薬効の発表」を取り上げていた。マウスの実験で、葱の抽出物を与えてきた群とそうでない群を比べ、与えてきた群はウイルス量が３分の１に抑えられた。逆に抗体の量は３倍近かったとあった。実は以前、山形の赤葱を手にしたとき、直観的に薬効を認め、薄い小口切りを山とつくり、これをヴルーテで常備し、朝食に常飲していた。料理家の勘としか言いようがない。ヴルーテをみやげに、林教授を表敬訪問したら、学説が人助け用に具現化しているのを感銘なさった。調理に通じ、その上、まめであるとは、いいことでしょ。

葱は３㎜ほどの薄さ。鍋に入れ、オリーブ油をなじませてから火をつける。

生姜の搾り汁は、葱がしんなりしてから加える。さらに炒めてゆく。

ブイヨンをひたひたになるくらい注ぎ入れる。分量は、葱の量次第で調整する。

ブイヨンの栄養もしっかり葱に入れ込む。焦げつかないよう火加減に注意。

ブイヨンをすっかり吸い、ビロード状になったヴルーテ。目を離さず、作ってほしい。

材料（作りやすい分量）
赤葱　600g（8〜10本）
オリーブ油　大匙3〜4
生姜汁　大匙1
チキンブイヨン　カップ2½〜3
★ここでは日本スープの「チキンクリア」を同量の水でのばしたものを使用。
塩　小匙1

作り方
① 葱を3㎜の小口切りにする。
② 冷たい平鍋に①を入れ、オリーブ油を回し入れて軽くなじませ、火をつけて炒める。
③ しんなりしてきたら、生姜の汁を加え、さらに炒める。
④ ブイヨン、塩を加え、汁がなくなるまで煮詰める。粗熱をとってから、煮沸消毒したガラス瓶で保存する。

スープとして供す場合は、葱のヴルーテ大匙1に対し水カップ¾を小鍋にかけ、塩、味噌、醤油などで味つけをする。もっと簡略化すれば、カップにヴルーテを入れ、湯を注ぎ、醤油などで好みの味に仕上げてもよい。

第2章 四季のスープ

揚げ出し豆腐の味噌汁

季節のものなら何でも薬味にできる。
逆に薬味を楽しむ、という発想ができる。

この味噌汁は一年を通して美味。
その月その月に手に入る薬味で食す。
春には芹、菜の花、韮。夏には茗荷。
秋は、穂紫蘇。冬を越せば、なずな、蕗の薹。
意外なのは、ピーマン。
ごく薄く輪切りにして薬味にすると、はっとする味に。

単純でありながら、深く。日々の養いのあるべき姿を具現。

毎日食べても飽きない食べものは数少ないと思う。ご飯、味噌汁、沢庵（本物）は、その意味で不思議な力を持っている。

生物は、何によらず、生きてゆきやすい条件を求める法則を生きる。

私たち人間もおなじく、この風土と気象条件をしのいで、容易に生きうる必須条件に、ほとんど無意識に従う。先祖がまさしく命がけで創った食文化。

米、味噌、出汁。そして、土地柄の魚介、野菜類など。これらは親の胸のように、私たちを待っている。

味噌汁が飽きぬものであるのは、出汁、魚介、野菜、海藻、大豆製品などの類を、味噌でまとめ、もっとも吸収しやすい、汁ものという状態で食しうるからである。

今となってはあって当たり前の、この食べものを、あるべき姿で日々の養いとし、後世に伝えてゆくにはどのようなことに留意すればよいのか。

第一は、煮干し出汁を、万全な方法でひく（12ページ参照）。

第二、よい味噌を選び、季節に適した合わせ味噌にする（冬は甘め、夏は八丁味噌のような辛口）。

第三、旬の具材に敏感であらねばならぬ。さらに吸い口、薬味をたくみに用いる。

第四、供し方、遅れて食事をとる人のものは、具と汁に分け、取り分けておく。

味噌汁は誰にでも作れるが、その人が見える。願わくは、季節の喜び、団欒の実感、体力の増強が一椀の中にこもりますように。

同じ丸く型を抜くにも、椀の大きさを考える。大きすぎず、小さすぎず。四角でも。

●材料（5人分）
木綿豆腐　適量（丸く抜くか、1丁を8つくらいに切る）
煮干し出汁　カップ3¾
赤味噌・白味噌　合わせて大匙3程度
葱　適量（薬味のさらし葱）
揚げ油　適量

●作り方
① 定量の味噌をすり鉢ですり、少量ずつ出汁を加えてすりのばし、鍋に漉して入れ、味噌汁を仕立てておく。
② 揚げ出し豆腐用の木綿豆腐は布巾で包み軽く水気を切り、丸く型抜きし、水気を取りながら熱した油の中にすべり込ませて素揚げにする（あまり揚げすぎないこと）。
③ 薬味の葱は薄く小口切りにして、水にさらし、さらし葱にしておく。
④ 椀に揚げたての豆腐を盛り、次に味噌汁を煮立てないように温めて注ぎ、最後にさらし葱を盛りつける。

寄せ鍋

季節のもの中心。たんぱく質と野菜の組み合わせが基本。何と何を合わせるとおいしいか、考えてみてほしい。

気をつけるべきは、清汁の量。
実だくさんの汁をいただく感覚、たっぷりの出汁が必要。
そこに具を順次入れていく。
寄せ鍋は唯一、お酒が飲める鍋でもある。
くれぐれも一度に具を入れすぎて、
煮すぎた具を食べるはめにならないよう。

目にも楽しい旬の具材がたっぷり。実だくさんの汁を食す感覚で。

日本の鍋料理は、この国の炭が上等この上ないこと。型面白き土鍋が容易に手に入ること。この二つの条件に守り育てられたと考えられてならない。

湯豆腐、鱈ちり、牡蠣鍋、ちゃんこ、水炊き、ふぐ、あんこう。いずれもひけをとらぬ特長と美味。とはいえ、鍋料理は、それぞれの具の本性を知り、相性のよいもののみ取り合わせ、順次、煮えばなに汁を張ってすすめるのが定法。寄せ鍋は給仕力で食す所以だ。

次は鍋料理の進行を助ける添え菜の算出。鍋は熱い料理なので、かならず口中をひんやりさせるものが欲しくなる。わかめやもずくの酢の物、さくさくの白菜漬けの柚子添えなど。味も歯ざわりもめりはりそのもの。こうした洞察って、しみじみと女の色気なのだけれどね。

寄せ鍋の具の取り合わせの交通整理は、まず主役の魚肉のたんぱく質を決める。これを補助する野のたんぱく質、そして野菜ものの選定から始まる。

肉は鶏肉。魚は白身、身崩れしにくいものは鯛、ほうぼう、金目など。他にも海老、いか。貝なら蛤、あさり、牡蠣。手作りの真薯の類。または上等のはんぺん。麩、湯葉の類。野菜は、旨みに富むもの。白菜、小蕪、人参、茸の類、青味はアクが少なく香り高いもの。これに忘れてならぬのが清汁。一人三カップ用意せねばならない。下茹でが必要な野菜もある。白菜などは軸と葉に切り分け、各々を茹でてととのえておく。一度に鍋一杯の具を入れ、くたくた煮て食べるようなおろかな食べ方はくれぐれもやってはならぬことの一つ。テレビの風景はウソ。

●材料（5人分）
清汁
　出汁　カップ15
　薄口醤油　大匙2
　塩　小匙3
具　適宜分量を加減する
　鯛、鶏もも肉、あさり、巻き湯葉、梅麩、うずら卵、白菜、蕪、人参、ブロッコリー、菜の花、春菊、芹、舞茸、生椎茸
柚子　適量

●作り方
①鯛は、塩をふり少しおいたものを、塩少々とレモン1切れを加えた湯で湯引き、冷水（氷水）でさっと洗い、水気をきる。
②鶏もも肉は一口大にそぎ切り。あさりは酒蒸しにして口を開け、片方の貝殻をはずしておく。巻き湯葉は一口大、梅麩は小口切り。うずら卵は茹でて、笹の茎などに刺して取りやすくしておく。
③白菜は軸と葉に切り分け、各々茹で整えておく。蕪、人参は食べやすい大きさに切り、七分通り塩茹でにする。ブロッコリーは小房に分け、菜の花も固めの塩茹でにしておく。
④鍋に清汁を張り熱す。残りの汁はピッチャーなどに入れ適宜、加えてゆく。

第2章　四季のスープ

汁かけ飯

煮干し出汁と根菜のみの、極めてシンプルながら、豊かさを感じさせる。

ごぼうは水につけ、アクでアクを抜いて、煮る前にさっと水洗いする。
大根、人参も同様に煮る前にさっと水洗いする。
こうするとアクが抜け、仕上がりの味が洗練される。
里芋の扱いについてもひとつ。
煮るときに、汁に塩味をしっかりつけたあとに入れるようにする。余分なぬめりが出ずにすむ。

簡素な一椀に要約された風土。酒席のあとの毒を和らげる。

まず、汁かけ飯の呼称の含みから申し上げる。これは、一種の食方法と言えるであろう。つまり、こうしたご飯の類に、さまざまな汁の類をかけ、菜・飯・汁を一つにして食す様式を指し、定型はない。

お茶漬けとは一線を画し、あくまで、出汁の影響のあるものを用いる。

事始めは、炉端で、冷や飯に熱々の実だくさんの汁をかけ、かき込む姿にあった。それなりの勢いのある旨さへの気付きからであったかもしれない。

ご飯の類は、白飯、味付飯。麦飯。汁の類は、昆布出汁、一番出汁、煮干し出汁、野菜・魚介・肉類のブイヨン。具としては、野菜・山菜・茸・肉・魚・卵。薬味の類。

具は汁と共に仕立ててよく、上品を求めれば、別炊きしたものを飯の上に飾り、上から汁を張る、弥生(やよい)ご飯風のものもある。

ここでの紹介は、我が家の汁かけ飯で、戦時の変化に乏しい食卓に喜ばしさをと、母が自然に始めたもの。代表的根菜に加えて、里芋も入るところが一種の糅飯(かてめし)的思惑も感じられる。

汁かけ飯は数々あるが、この簡素な一椀に風土が要約されており、長く日本を離れざるをえなかった方がすすれば、胸に熱いものがこみ上げてくるくらいのものである。酒席のあとにも酒毒を和らげるはずである。

また、被災地などで、これを作って下されば、どれだけ人々の心と体が癒されるかしれないと思う。

一椀の食し方は意外に意味深い。それは、ものともの事の配分。ご飯に対する汁の量。汁の量を考えた飯のよそい方など。一目にして計る美意識は、簡単でもないからご用心。

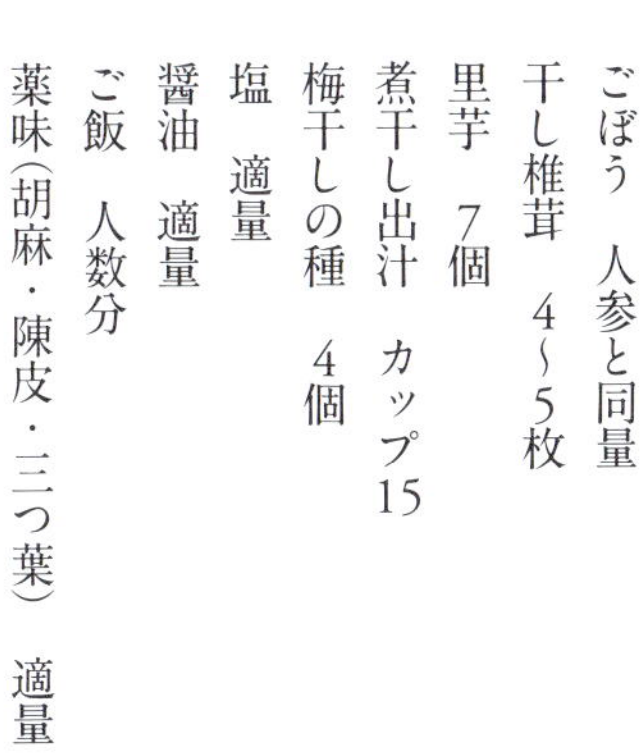

● 材料(5人分)

大根　½本
人参　大根の⅓強の分量
ごぼう　人参と同量
干し椎茸　4〜5枚
里芋　7個
煮干し出汁　カップ15
梅干しの種　4個
塩　適量
醤油　適量
ご飯　人数分
薬味(胡麻・陳皮・三つ葉)　適量

せん切りは、長すぎても短すぎても食べにくいもの。丁寧に、長さ、太さを揃えて切ること。これも味の一つと心得る。

● 作り方

① 大根、人参をせん切り(長さは、すすり込んだとき口から下がってはならず、短くてはつまらない。ご飯にからみやすい長さにする)。

② ごぼうは、このせん切りに合わせるようにささがきにして、水につけてアクを抜く。干し椎茸はもどし、薄切りにする。

③ 里芋は、たわしできれいに洗い、盆ザルに並べる。半乾きになったところで皮をむき、1.5㎜厚さの輪切りにする。

④ 土鍋に出汁、梅干しの種、塩少々を入れる。大根、人参を入れ、五分やわらかくなったら、ごぼう、椎茸を入れる。

⑤ ごぼうがくたくたにならないようなタイミングで塩、醤油でしっかり吸い物加減に味をつける。ここで、里芋を入れて、やわらかくなるまで煮る。次に、薬味を用意する。

⑥ 土鍋ごと卓に出し、汁と具の調和のとれるようにご飯の上にかけて食す。

スペアリブと蓮根団子の味噌仕立て

瓶に詰めてあるのがスペアリブとそのスープ。昆布と干し椎茸で出汁をとり、加える。

もっちりした蓮根の食感を楽しむ。何度でもおかわりしたい味。

大根、人参、ごぼう、蓮根……日本には、けんちん汁のように、あらゆる根菜を集約した優秀な汁ものがある。出汁は昆布といりこ(または他の魚介類)でとるが、肉類のスープで根菜をいただくと、また別趣の力強さを感じるもの。

「なぜ根菜を食べるのですか」——以前スープの会で質問された方がいる。

私は「薬食一如、という言葉に尽きます」とお答えした。秋から真冬の日本の気候をしのぐため、根菜は風土が日本人に与えてくれた最良の食べ物なのである。

大根にも薬効がある。人参にももちろん。ごぼうに至っては、種を三粒とか五粒とか飲めばおできが吹っ切れるとか言うくらい。蓮根もそうだ。蓮の実と言ったら、精のつくものの代名詞ではないか。蓮の節などは、皆さん粗末にしているが、虚弱体質の人にはあれをすって食べさせろと言われたものだ。そういう力のある蓮だから、薬効がないわけがない。

ここでは、10ページで紹介したスペアリブのブイヨンを使って、この蓮根を味噌仕立てにした。

蓮根はすりおろして用いるので、必ず粘りのある加賀蓮根を選んでいただきたい。味わいが全く違ってくる。もっちりした蓮根の食感、骨付き肉の滋養分、こっくりとした味噌の風味——味付けはやや薄めにして、何度もおかわりするくらい、たっぷりいただきたいもの。

気をつけるべきは、スペアリブでとったブイヨンに塩分があるので、味噌をとき入れる場合は一度に入れず、必ず味を見てからにすることだ。

浮粉とは、小麦粉のでんぷん質を精製したもので、鶏の丸(肉団子)をまとめるときなどにも使う。軽くふんわり仕上がり、とてもよいものだ。粘りのある加賀蓮根が手に入らない場合は、小麦粉を使う。浮粉や片栗粉ではとうていまとまらない。

蓮根をすりおろし、しばらくザルで水気を切っておく。浮粉を混ぜるのは、その後。

●材料(5人分)

スペアリブのやわらかく煮たもの(10ページ参照) 500g分

スペアリブのブイヨンに昆布出汁(昆布と干し椎茸)を加えたもの カップ8

白味噌・赤味噌 50g〜

蓮根(できれば加賀蓮根) 500g

塩 小匙½

浮粉(または片栗粉) 大匙3½〜

舞茸 100g

生姜 適量

●作り方

① スペアリブのブイヨンを漉したものに昆布、干し椎茸でとった出汁を加えカップ8にする。それを鍋に入れて火にかけ、ブイヨンに塩分があるので味をみてから合わせ味噌をあたり、味噌漉しを使って加える。

② 蓮根の皮をむいてすりおろし、水気を軽くきったものに塩、浮粉を加えてよく混ぜ、①の鍋に、スプーンにすくっては落とす(軽く手の中で丸めて入れる)。

③ 蓮根団子が透き通ってきたら、スペアリブのやわらかく煮たもの、舞茸を入れて火を通す。

④ 針生姜を添えて供す。

新案・芋煮鍋

里芋、炊いたスペアリブ、こんにゃくを入れて、
くつくつ。
里芋も火が通りやすいし、茸と葱をさっと。
風土的であり、かつ合理的な鍋だ。
肉は三枚肉でなく骨付きにしたのは、
骨の滋味を摂ってほしいがゆえ。

下茹でしたこんにゃくは、必ず炒めて用いる。汁に入れても味が変わることがない。

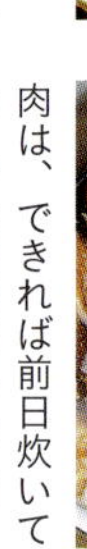

肉は、できれば前日炊いておく。冷蔵庫に入れ、白く固まった脂を取り除いてから使う。

誇らしい風土の山のもの、野のものを一つ鍋に集め、くつくつと音を立てる鍋の幸福。

あの頃、私は病弱で旅に出るなど思いも及ばなかった。私をのこして旅に出た父母は「お前に見せたかった。貴女に食べさせたかった」と言い言いみやげ話をした。

母はその「食べさせたかった」ものを、たいてい再現しては、埋め合わせをしてくれた。その中に、感動を体験のまま再現しようとむきになってくれたものがあった。

それは山形の川原の行事「芋煮会」。稲刈りを終わり、互いの無事と収穫を祝し合い、やがて迎える厳冬を前に、光と川風を身に受け、誇らしい風土の山のもの、野のものを一つ鍋に集め、賞味、親睦する。習俗的年中行事と考えてよいだろう。母は米沢のご婦人方の招きで参加させていただいたのだった。

鍋の材料は、第一に里芋、次は米沢自慢の牛肉、季節のとりどりの茸の類。葱少々。調味は、日本酒たっぷりの、さらっとしたすきやき味。人によって、味噌を使う方もある。

里芋と切干大根の煮物などが、里の芋類のいわばケの扱い。芋煮は、海老芋でも八つ頭でもない、当たり前の里芋を使った、ハレの料理である。

くつくつ炊けてゆく芋煮鍋。新米のおむすび、持ち寄った自慢の漬物。当節、野外の人寄せは、条件反射の如く、バーベキューと結びつくが、こんなに風土的、健康的、経済的ご馳走を取り入れぬ法はない、とご紹介する。

庭先でも、テラスの月見でも団欒できると思う。料理写真で「おや、牛肉じゃない」と気づかれたと思う。用いているのは、豚のスペアリブ。角煮を作る手法で下茹でし、後に昆布をしのばせ、しんみり味を含ませてあげる。

そのたっぷりめの炊き汁を頼りに、芋煮をしてみた。肉はむろん牛でも、骨付き鶏肉でもよいと思う。とにかく、肉類はことこと先に炊き、その汁で鍋を仕立てれば少人数の芋煮でも納得できる。

実は、母の再現芋煮は、本人も首をかしげ、期待した私たちも誉めようがなく困った覚えがあり。母は二度と芋煮をしなかった。直径四〇センチ、曾祖母の遺品の銅鍋まで持ち出し、肉もたっぷり使ったのに、歓声が上がらなかった。そのときの手段を全く記憶していないが、川原の強烈な印象のまま、多人数をどんどん入れて炊く方式に従ったのではないか。

少人数の芋煮を堪能しようと思えば、なかなかの逆算を必要とする鍋である。

なぜなら、主役の芋を立て、薄めの甘辛で炊けば、牛肉は救いがたいものになる。まして、こんにゃくを入れれば、瞬間的に煮汁の調子が変化する。

芋も肉もこんにゃくも立てる一応の方法。

- 前日から肉を炊き含める（10ページ、120ページ参照）。
- その煮汁のみスープで割り、調味し調整し、芋の煮汁にする。
- こんにゃくは、狸汁を作るときの要領で、充分炒めつけ、油抜きし、芋と同時に鍋に入れる。
- 芋がやわらかくなりかけたら、肉を鍋に戻し、炊き合わせる。
- 茸、葱は煮えばなを食す。

第2章　四季のスープ

鱈とじゃが芋のブイヤベース

鍋ごとドーンと出せばダイナミック。
しかし、一人ずつの小鍋で供すのもよいものだ。
具を盛りつけ、スープを張り、火にかけ、
熱々を出すと喜ばれる。
ガーリックトーストと白ワインがよく合う。

煮干し出汁で魚介のスープを。
新たな試みがつくったハイカラな味わい。

ブイヤベースは呼び名ゆえに、程遠いフランス料理と思い込みがちだが、あれは地中海沿岸の漁師料理で、イタリア、スペインにも類似料理がある。共通点は地場の魚介を、にんにく、トマトとサフラン、いわば伝家の宝刀で、魚臭をやわらげ、食べ心地を作り上げてゆくもの。日本の鍋料理も同じ。とれたての磯の魚介のぶつ切りを味噌、醤油、粕などの風味で食べてゆく。人間——民族——の生きてゆきやすさを求める心は、いとしいほどに同一である。

ここでの解説で注目していただきたいのは、スープのベースとなる出汁である。欧米の魚介料理のベースは、小魚の骨と香味野菜から作る出汁である。これの丸写しは相当にくどい。さらに現今の日本では、出汁として炊きだすに匹敵する磯魚（くせのない）の骨など、入手しがたいものとなった。

そこで、煮干し出汁、一番出汁で、魚介のスープを作ることを試み始めた。

一番出汁で、葛たたきしたあいなめ、海老真薯、蛤、サフランで作ったブイヤベースは歴々の国際婦人会で教えたが、至って上品と大好評だった。

ご紹介するのは、煮干し出汁、香味野菜、浅蜊、鱈、じゃが芋、少量のカレー粉によるブイヤベース。もとは、れっきとしたブイヤベース・ド・モリュ（鱈）と、ありがたがられるものの日本版である。香味野菜の威力とカレー粉をカレースープにならぬ程度に用いることで、煮干しを軽々と越え、お茶の間向きのハイカラになった。

第2章　四季のスープ

鱈とじゃが芋のブイヤベース

滋養たっぷりというのが材料を見てもわかる。鱈は吟味して選びたい。瓶の中は、煮干しの出汁。

●材料（5人分）

鱈　600g
レモン　適量
ミルポワ（玉葱、人参、セロリ、パセリの軸）　適量
あさり　400g
白ぶどう酒　少々
じゃが芋（メークイン）　中6〜7個
トマト　中1個
玉葱　75g
人参　70g
セロリ　100g
長葱　75g
にんにく　1かけ
ローリエ　2枚
白粒胡椒　8粒
オリーブ油　大匙3
煮干し出汁　カップ13
カレー粉　小匙1〜
塩　適量

鱈の処理が味を決める。ウロコと黒い汁がなくなるまで包丁で皮をしごく。

ウロコ独特の臭いをとるため、輪切りのレモンで鱈の皮を丹念にこする。

ぷるぷるの身を、コロッとした感じに切る。自慢のスープに仕立てる切り方。

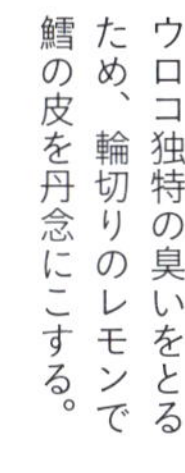

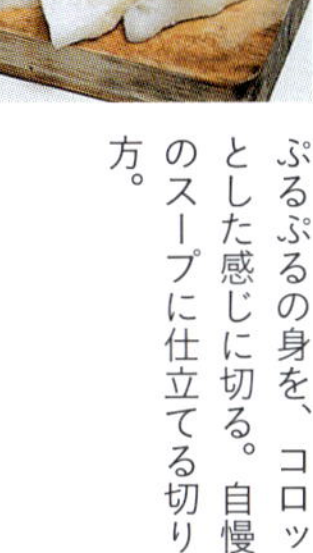

●作り方

① 鱈の独特の臭いをとるため、包丁で皮をしごく（ウロコを取り、さらに黒い汁が出なくなるまで）。ざっと水洗いして、皮をレモンの薄切りでこする。塩をあて、冷蔵庫で一晩おく。

② あさりに塩をふり、貝殻をこすり合わせて水洗いする（3回）。平鍋にあさりを並べ、ワイン蒸しにする。

③ ①の鱈をコロッとした形に切り、沸騰していない湯にミルポワとともに入れ、ふらりふらりと湯引く。冷水にとって洗いザルに上げておく。

④ 香味野菜を切る。玉葱、にんにくは薄切り、人参、セロリ、長葱はせん切りにする。鍋にオリーブ油を入れ、にんにくを炒め、香味野菜を加えて蒸らし炒めする。

⑤ ④の鍋に、煮干し出汁、①のあさりの汁、ローリエ、白粒胡椒を加え、一口大のじゃが芋と粗切りのトマトを入れて炊く。じゃが芋があらかたやわらかくなったら、あさりと鱈を加え、カレー粉を入れて2～3分煮る。

⑥ 必ず味を見てから、塩で味をととのえる。

カリフラワーのポタージュ

カリフラワーは、白く光っている
新鮮なものを選ぶ。そうでないものとは、
仕上がりは全く別物に。
スープストックは鶏のブイヨン。

このスープのコツは、なんといっても米にある。
つなぎとしてのなめらかさと、
加えて旨みも出すという大事な役割を果たす。
スペインでは米の粉をつなぎにする地方もあるとか。
ひと口すすれば、ほーっと肩の力が抜けるような、深い滋味がある。

旬の野菜を丸ごと。白いスープにある栄養と不思議な魅力。

近年、カリフラワーはブロッコリーにおされて、敬遠されがちだが、白い野菜も食べねばならないと言われている。あの茎の成り立ちや、立派な葉が花房を守っている有り様からして、加熱してもビタミンCが壊れず、冬場に食べねばならぬ有効な部類の白い野菜と思う。

カリフラワーの扱いの難しさは、茎と花房を均一のやわらかさに茹でねばならぬところ。ブロッコリー、アスパラガスにも共通する、早くやわらかくなる部分を、違和感なく、均質に食べうるように下拵えせねばならない。こういう基本に限って、紙面では伝えにくい。

したがって、茹で仕事をあまりしないカリフラワーの、美味で合理的な食し方として、ポタージュを取り上げる。

カリフラワーは、第一に花房。次は、皮をむいた、そのすっぺりとした軸。葉は花房周辺のやわらかい部分。以上を、すべて生の状態で粗きざみし、他の添え野菜と共に蒸らし煮する、これがスタート。

カリフラワーの風味の生きた、真っ白のポタージュ。浮身は、花房をごく小房にして茹でたものとハム。魚を用いたければ帆立貝など(缶詰も可)も手頃でしょう。

旬は十一月末から二月初めころまでと思う。白く光っているような新鮮なもので作ると、申し分なくカリフラワーの真価を賞味できる。真っ白なポタージュというものも、不思議な魅力を備えている。

ジョエル・ロビュションは、このスープを冷製で、キャビアと組ませるのが好きだ。

● 材料（5人分）

カリフラワー　500g
じゃが芋（男爵）　300g
玉葱　150g
セロリ　150g
米　カップ¼
ローリエ　1枚
チキンブイヨン　カップ6
牛乳　カップ1½
薄切りハム　3〜4枚
塩　小匙2
オリーブ油　大匙3

小房にするとき、ペティナイフで茎ごとに切り分ける。水の吸い方にも違いが出て、味を左右する。

野菜の大きさを切り揃えれば火の通りも均一。蒸らし炒めをする鍋の中がきれいだと味もととのう。

● 作り方

① じゃが芋は皮をむき、1㎝の厚さのいちょう切りにして水にさらし、水きりする。玉葱は4つ割りにして3㎜の厚さの薄切りに。

② カリフラワーの⅓を小房に分け、塩湯で軽く茹で、七分通り余熱で火を通し、ザルに上げておく（浮身用）。残りの⅔は薄切りにしておく。

③ セロリは小口から薄切りに。米は洗っておく。

④ 鍋にオリーブ油と玉葱、ローリエを入れ、弱火にかけて玉葱の刺激臭が抜けるまで、蓋をしながら蒸らし炒めする。

⑤ ④の鍋にセロリ、じゃが芋、⅔量のカリフラワー、米の順に入れ、蓋をしながら蒸らし炒め。七分通りやわらかくなったら、ブイヨンを材料がひたひたにかぶる程度に入れ、塩の半量を加え、さらにやわらかくなるまで煮る。

⑥ ⑤の粗熱をとってローリエを除き、ミキサーにかけて鍋に入れ、残りのブイヨンと牛乳を、濃度を見ながら加え、塩で味をととのえる。

⑦ ②で茹でた⅓量のカリフラワーを小房にしたもの、8㎜角に切ったハムを浮身にして供す。

ポルトガル風 人参ポタージュ

よい人参を選んでほしい。

このポタージュはベースが大事。コツは、人参のツヤが出るまで、透明になるまで蒸らし炒めをすること。ミキサーにかけるのは15秒くらいが目安。あまりかけすぎると、なめらかさを通り越して、米の粘りが出すぎてしまう。

人参嫌いの子も「おかわり!」。トマトでクセを解消、生米で旨みを出した類まれなレシピ。

人参スープはいろいろあるが、このポルトガル風ほど、たくさんの人参を用いるにもかかわらず、人参嫌いの子供でもおかわりをするスープは、類（たぐい）まれだと思う。素晴らしいレシピというほかない。

素晴らしさが何によって生まれたかと解説すると、

①人参のくせをトマトで解消していること

②ポタージュとしての食べ心地を生米の旨みと、米のとろみで支えていること

だと思う。読者の中に、生米でなく残りの冷飯を使用しても、と考える方がおいでかもしれない。それなら申し上げたい。

生米から炊いたお粥と、ご飯から炊き返したお粥の差を思い起こしていただきたい。その旨みの差がスープの底味にあるわけである。米とは、まことに五穀の上位だと感嘆してしまう。

仕上がりに生クリームや、卵黄を加えてもよい。流動食しか通らない方には、このような手加減が喜ばれる。卵黄を加える場合の方法は、温度を下げたポタージュの生地で、卵黄を溶き、これを鍋中に戻してやれば、滑らかさを損なうことはない。

浮身は、クルトン、絹ごし豆腐、小型のミートボール、うずら豆、白隠元など、豆類も好ましい。ミートボールと豆の二種を用いることもできる。洒落ているのは、クミンで風味付けした、賽（さい）の目の人参グラッセである。

ともあれ、浮き身など気にせず、ベースのポタージュを難なく作れるようになっていただきたい。

蒸らし炒めのタイミングなど、繰り返してこそ理解できる小さなことの積み重ねで、味はできあがるものだから。

材料（5人分）
人参　500g
玉葱　150g
トマト　300g〜
米　60g
にんにく　1かけ
オリーブ油　大匙3〜4
チキンブイヨン　カップ4〜6
塩　小匙2
牛乳　カップ1〜1½
浮身
　人参のグラッセ、隠元、ハム、
白隠元豆、ミートボール

作り方
①玉葱は薄切り、人参は厚さ4〜5㎜の半月切りにする。10分ほど水にさらす。トマトは皮と種を取り、ざく切り、米は洗って浸水し、ザルに上げておく。
②鍋にオリーブ油を入れ、玉葱、にんにくの薄切りを火にかけ、しんなりとしたところで人参を加え、人参の旨みが出るまで蒸らし炒めをする。さらに、米、トマトを加えて炒め、ブイヨンをひたひたに入れて塩半量を加え、人参がやわらかくなるまで煮る。
③ミキサーにかけ、漉し器を通して再び火にかけて、残りのブイヨンと牛乳を加えて濃度を調節し、塩で味をととのえる。

第2章　四季のスープ

ポタージュ・ボン・ファム

野菜を切る大きさ、厚さの大切さを何度も言ってきた。それは、同時に火が通るように計算された結果であって、バラつきがあると、炒めるとき焦げやすくなる。ミキサーにかければ同じと思うかもしれないが、大小があれば、野菜に含まれる水分量、火の通り方に差が出るので、当然ながら味に影響してくる。

人生のあらゆる局面で人を受け止め、力づけ、癒してくれる。

ボン・ファムとはフランス語で「よい女性」という意味だ。このスープの味わい、作りつづけ、教えて五十年を超えるが、ボン・ファムという呼称はこのスープの性格をいみじくも言い得て妙と感嘆している。

スープが誕生してから、何年か後に、この名で呼ばれるようになったと思うが、赤子のときから息絶えるまで、人生のあらゆる局面を受け止め、力づけ、癒す、食べもの。ほとんど敬愛の念をこめて呼び広められたと思う。

日本にはポタージュ・ピュレの歴史がない。読者の中には初めて作る方もおられるだろう。ホテルやレストランでは、あるようでないのが、この種のスープで、あっても、どこか本来性に遠い。つまり、これほど、家庭的なものはないからだ。

だから、手本も乏しく、暗中模索されると思うが、ピュレ・スープの基本なので、どうぞ、とりかかってください。これが作れれば、他のピュレ・スープは右から左に作れる。

このスープは、離乳食、野菜嫌いな子供、学校、病院、職場のすべての給食、高齢者向け配食（きざみ食、ミキサー食は改善されねばならない）としてふさわしい。

つまり、「万人に万事」であることがおわかりになるだろう。また、野菜を等分に切ることが味の基本となっている。心を平坦に保ち、同じリズムでとんとん…と。手の動きは、心をいざない育てる。スープを作ることで、女性の内なる母性が磨かれることを願ってやまない。

濃度を見る。レードルの裏側を指でしゅっとなで、その跡がくっきり残るのは濃すぎ。跡が出ないのは薄すぎ。跡がゆっくりふさがるくらいが目安。

●材料（作りやすい分量）

玉葱　150g
じゃが芋（男爵）　500g
人参　180g
セロリ　180g

ローリエ　1枚
オリーブ油　大匙3
チキンブイヨン　カップ6〜8
牛乳　カップ1〜2
塩　小匙2

作り方

① 玉葱は薄切り、じゃが芋は1cm厚さのいちょう切り。人参は5mm厚さの半月切り、セロリは3mm厚さの小口切りに。じゃが芋、人参は水に10分ほど浸し、セロリは水でさっと洗う。

② オリーブ油の半量を鍋に入れ、玉葱のみを七分通り火が通るまで蒸らし炒めする。人参、セロリ、じゃが芋の順に加え、ローリエも入れ、オリーブ油を補いつつ七分通り蒸らし炒めする。

③ ②に野菜類がひたひたになるくらいのブイヨンと塩半量を加え、野菜がやわらかくなるまで煮る。

④ ③の粗熱をとったらローリエを除き、ミキサーにかける。その後、漉し器を通す。

⑤ ④を鍋に移し、残りのブイヨンの一部でミキサーの内部を洗い、これも鍋に入れる。鍋を火にかけ、残りのブイヨンと牛乳で濃度を調節し、塩で味をととのえる。

百合根のお粥

塩水につける。
大小に分けて扱うのは、蒸し時間が微妙に違うため。蒸すのも別々にする。

こんな粥を炊ける人になってほしい。誰かのため、自分のため。

私は、あらゆるお粥の中で、この百合根粥が一番好き、愛しているくらい。

ほとんど高貴に属する食べ物と思う。

白米の、透明をおびた白に、やや不透明な百合根の白。微妙な白と白の組み合わせ。

日本の米のかけがえのない旨みが、百合根の強すぎもせず、頼りなくもない香気を包み込む。

青磁か白磁の茶碗に受け、静かに含むように食べる。

国賓に、野菜料理の一種、またスープの出るべきところで供してみたい気も動く。驚嘆を得ると思う。

欧風の粥――ポリッジと呼ぶものの多くは、オートミール系であろう。それはそれで、敬意を表すべきであろうが、ポタージュ・リエに代わるものとしては供しにくいだろう。米の旨みにからむ重湯のとろみは、扱い次第では、立派なポタージュとして国際舞台にも通用しうるものと思う。

私たちは、ほとんど月替わりで供しうる粥をもっている。

白粥／百合根粥／葛引き粥／小豆粥／

七草粥／芋粥／黒胡麻粥／卵粥

これらは晩秋・初冬・真冬の粥。

美味に食せしめる、おなめの類も手のうちにある。

洋風のポタージュ作りが縁遠い方でも、なつかしく物静かな粥作りをたぐり寄せ、ポタージュにつなげていただけたらと思う。

◎材料

米　適量

水　適量（米1に対し水5の割合）

百合根　適量

塩　適量

◎作り方

① 米を研ぎ、1時間ほどザルにとっておく。

② 百合根は根の部分を切り、ペティナイフで鱗片を1枚ずつはがす。大きな鱗片は3つくらいに切り分け、吸い物程度の塩分濃度の水に15分ほどつけておく。

③ 土鍋に米を入れ、水を加えて炊く。

④ 粥が七〜八分ほど炊けたら百合根を入れ、蒸らすように炊き合わせる。目安は、5〜6分。

◎ このお粥のおなめには、梅びしおが合う。梅干しを半日、水につけて種を除いて裏漉し、グラニュー糖でうっすら甘みをつけたもの。淡味との味の落差を避けるため。鰹節のでんぶ、ゆかりの刻み、卵の味噌漬けなども、おなめとして適している。

雑煮二種

丸餅の「奥出雲とんばらの餅」は、食材の会メンバー絶賛の味。（JAしまね頓原加工所☎0854・72・1001）

餅は茹でて用いるが、そのとき昆布を敷くと一味も二味も違う。
また、改まったときに使う大切な塗り椀は、糠水で洗うようにする。糠水とは、糠を布巾で包み、ボウルに張ったぬるめの湯の中でもみ出したもの。汁を張るときは、必ず椀を湯で温めてからにする。

優雅でさえある「清素」な椀は、二十一世紀の求めるべき形。

お郷里（さと）自慢の数ある中で、「うちのお雑煮」は、どちらのどなたのお話でもなぜかほのぼのとした心地に誘われる。

雑煮は、餅の形、具のさまざま、出汁の素材、その仕立て方、調理方法。この組み合わせによって、自ずと至りつくかの如く、お郷里自慢そのものとなる。

年中行事の主たる正月の祝膳に餅が欠かせないのは、なぜだろう。

年中行事は、すべて生命の生成発展を祝し願うこととかかわりがあるが、餅——糯米（もち）は、土の産み出すものでもっとも力のあるものと認め、それを凝縮、食べやすく、保存・携行性をも兼備させた食物。古代の人々にとって、ほとんど尊い食物であったに相違ない。

私が餅の位の高さに心底気づき、魂のふるさとのように感じうるようになったのは、五十歳過ぎてからであった。都育ちとは致し方のないものである。

従って、その開眼を大切に、正月は完成の琴線と呼応しうるような品質を求め、あえて祝肴三種、雑煮、煮しめのみで元旦の朝を祝う。生きるべき一年を前に、この風土に守られ、ともに生きることを実感するためである。賑々（にぎにぎ）しいことが多過ぎると、人は気が散り、直視すべきことを失う。

言葉にするときびしいが、年末・年始の慌ただしさを避け、過ぎた一年の年月に感謝を送り、改めるべきを想うには「清素」（清らかで簡素であること。私の造語です）の形が必要で、それは見て優雅でさえある。二十一世紀の求むべき形かもしれない。

二種の雑煮は、清汁仕立てと味噌仕立ての極みのように考えたので取り上げた。

清汁仕立ては、前田利家がその大勝を戦陣で祝った折の伝承で、ひとえに上質の餅と、一番出汁をひく腕前が問われる。京都雑煮のたとえようのない優しさは、白味噌と餅の相性から生まれるのであろうか。風土の芋である八つ頭のねっとりも、絶妙の相性がある。

清汁仕立て

材料（5人分）
一番出汁　カップ4
塩　小匙1
薄口醤油　小匙1
切り餅　10切れ
芹　適量
糸削り鰹節　適量

作り方
①一番出汁に塩、薄口醤油で調味して温める。
②切り餅は昆布（分量外）を敷いた湯の中で茹でる。芹は小口切り。
③温めた椀に餅を盛り、①の汁を張り、芹と糸削りを盛る。

白味噌仕立て

材料（5人分）
一番出汁　カップ4〜5
白味噌　大匙4〜5
（西京味噌9：中辛2の割合）
丸餅　10個
海老芋（または八つ頭）　適量
人参　1本
小蕪　5個
うぐいす菜　適量
柚子の皮　適量

作り方
①味噌をすり鉢であたり一番出汁でのばし、漉す。
②海老芋は大ぶりの一口大に切り、六角形にかたどる。味噌を少し漉し入れた汁で茹でる。人参は5㎜厚さの小口切りにして、皮をむき茹でる。小蕪は青い軸を残して皮をむき、塩少々を入れた湯で茹でる。うぐいす菜を茹でる。
③味噌汁を小鍋に取り分けて薄め、海老芋、人参、小蕪を下煮しておく。
④丸餅は昆布（分量外）を敷いた湯の中で茹でる。
⑤温めた椀に丸餅、海老芋、人参、小蕪、うぐいす菜を盛りつけ、煮立ちばなの味噌汁を張り、柚子を添える。

離乳食のはじまる赤ん坊から、最期の床にある方まで
口にできるスープを追究してきました。
そのもとにあるのは、8年間の父の介護。
人にとって、食は、最後の最後まで喜びです。
蒸し暑い日にトマトジュースをひと口含んだときの、
父のほっとした表情は忘れられません。
牡蠣のすり流しを加えた小松菜のスープは
力をも与えてくれました。
のどを伝わる傍から細胞に浸み込むと表現した方も。
日々のスープはいのちを守ります。
人を救ってくれます。
さらに、作り続けてわかったことがあります。
それは、スープは、作る人をも救う、ということでした。

第3章

究極のスープ

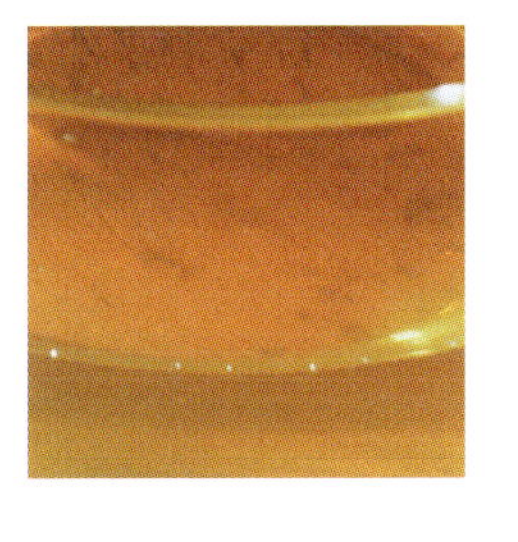

第3章　究極のスープ

玄米のスープ

梅干しが入るので、
ポットを選ぶときはホーローがよい。
素材は、玄米、梅干しともに無農薬、
あるいは低農薬のものにする。
薬効が違う。病人、子ども、高齢者を介護する方は、
朝1日分を作り、水代わりに差し上げるとよい。

あたかも煎じ薬。最後の最後まで喜ばれる究極の医食同源。

スープの中に、煎汁――せんじて、さながら煎じ薬のようにして作る類がある。効果も、医食同源、薬食一如的である。

「色々のスープをいただいたけれど、貴女のあれが一番おいしかった」

「兄が最期のときまで喜んで」……

また、百五歳まで画業をつらぬかれた小倉遊亀(ゆき)先生の最晩年は、お孫様が私の教室で学ばれた、こうしたもので支えておられた(詳細は小倉寛子著『小倉遊亀　天地の恵みを生きる』をご参考に)。

人の味覚は、細胞の受容力によって左右され、受容力が弱々しい場合、過ぎたるは及ばざるが如しとなる。程度の見極めは、栄養学を超えた親身の手加減にかかる。それを、楽々助けうるのが、この類のものである。

昔、料理のできる看護婦は、特等看護婦の資格を与えられた。家庭婦人、とくに上流ほど教養の一端とされ、不得手な者は軽んじられた。スープのことを、ソップと言った時代で、抗生物質はなかった。ソップは捧げるが如く病室に運ばれたものだ。点滴の時代にはなったが、野菜や牛肉のコンソメ、一番出汁、解説するこれらの煎汁は生身の身体にとって、永遠のものと思う。

玄米のスープは、玄米さえ炒りためておき、ポットにかけておけばできる。次項で紹介する椎茸のスープも、もどしたものを、蒸し器が煎汁にしてくれる。

冷凍して、地方に送ることもできますから遠い大切な人に届けられる。手作りのもので、生命に心添えできるその手ごたえは、人に落ち着きを与える。

ざっと洗い、ザルに上げ一晩おく。後の火の通りに影響する。

小麦色になるまで焦がさないように炒る。きつね色は炒めすぎ。

粗熱をとり、瓶などに保存しておくといい。いつでもスープが作れるよう。

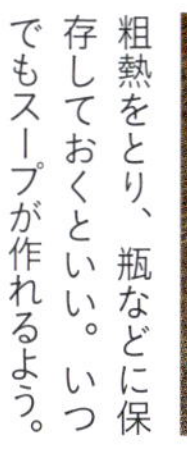

● 材料(5人分)

玄米(無農薬有機栽培)　80g
水　カップ5
昆布　(5cm角)2〜3枚
梅干し　1個(種なら3個)

● 作り方

① 玄米を洗い、30〜40分浸水してザルに上げて水をきり、一晩(約6時間)乾かす。

② ①を油気のない、温めた平鍋に入れる。火力は、10の火の6くらい。木べらで混ぜながら炒め、米のはぜる音がし、その後色づいてきたら、火力を落とす。20分かけてゆっくりと香ばしく炒る。

③ ホーローのポットに炒った玄米、昆布、梅干し、水を入れて中火にかけ、沸騰したところで弱火にして、ことことと30分ほど煮て、火からおろし、茶漉しを通して供する。

● 炒り玄米は、その都度作るのではなく、最低2カップは炒り、粗熱をとり保存。随時使う。

第3章　究極のスープ

干し椎茸のスープ

減農薬のものなど材料は吟味してほしい。

昆布は天然もの、椎茸は国産の原木のものを使う。
コレステロール値を下げるなど、
薬効の高い食材だけに、くれぐれも吟味を。

誰でもどこでも手に入る食材三種。その相乗効果をお試しあれ。

前項で、スープの手法には、煎汁と呼ぶものがあり、それは炊き出す、蒸すの二種であると申し上げた。

ここでは、その蒸す手法を紹介。目的は蒸気の熱気で、素材をほとびらかせ、滋養と味わいを引き出そうというものだ。

その結果、いかにも嫌味のない、煎汁を得ることができる。

昆布、日本の原木椎茸、梅干しの種子。この手に入り易い素材で作り習えば、他の複雑げな蒸し仕事に出合われても、洞察が可能なので、手が出るはずである。

昆布は、カロリーは皆無だが、上等のミネラルをこれほどバランスよく有している食材は少ないと思う。昆布を食べると髪が美しくなると言われる。中国では、毛髪を血余と言う。髪には血が通っている。血が毛髪を育てている。これを認めての言葉だろう。

椎茸は、

「落ち着きのない子に食べさせるとよい」

と言われてきた。寺院が用いつづけた食材は、修行を助けこそすれ、妨げになるものを取り入れるはずはない。

大昔から、椎茸を産する中国でさえ、日本の椎茸は特別視されていた。生産者を買い支える意味でも、少々価格は高くても日本の椎茸を買ってほしい。

梅干しの種子の中には、天神さんと呼ばれる核がある。薬効はいまだに解明されていないが、梅の有効成分の源だから何かあるに違いない。この三者の相乗作用も、十年後、二十年後には認められるだろうと思う。

椎茸と昆布を分量の水につけておく。椎茸がもどったところで取り出す。

蒸し器でじっくり滋養を引き出す。内蓋と外蓋をして、約40分。

使った椎茸は汁を含ませたまま冷凍、または冷蔵して、他の料理に使う。

材料(5人分)

干し椎茸　30〜40g
昆布　(5cm角)3〜4枚
梅干し　1個(種なら2個)
水　カップ6

作り方

① 干し椎茸と昆布を分量の水につける。
② 椎茸がもどったところで水分を絞って取り出し、昆布も引き上げる。
③ 椎茸、昆布のもどし汁を熱する。
④ カップ6の水が入る容器(セラミックかホーロー)に、椎茸、昆布、梅干しの種子、③の熱々のもどし汁を入れて蓋をし、それを蒸し器に入れる。蒸し器の蓋もして40分ほど、蒸す。
⑤ 蒸し終わったら材料を引き上げ、煎汁を供す。

第3章 究極のスープ

ビーフ・コンソメ

牛の挽き肉は、必ず挽きたてのものを用います。でないと、臭みが出てしまいます。

日本の挽き肉は、コンソメにするには細かすぎる。粗挽きにしてほしいという要望を聞いてくれる精肉店を探すこと。繰りかえすが、くれぐれも挽きたてを。コンソメを作るので、脂のないところ、あるいは脂をとってほしいと注文したい。

昆布がアクを寄せ、椎茸が肉臭を和らげる、感嘆すべきエキス。

ビーフ・コンソメは、スープの分類の中でポタージュ・クレール。即ち澄んだスープの仲間に入る。そして代表的なものである。作り方の要点は、汁を濁らせず、それでいて、肉の養分と味をしっかり引き出す点にかかっている。

やさしくもないが、難しくはない。

難関は、最低八〇〇gの肉を用いぬと、味につながらないところ。すね肉は最低一〇〇g三五〇円。この肉代を度々払って、稽古ができぬところだと思う。稽古は、前回の出来事を忘れぬうちにやらねば身につかないから、難しさは、ここにかかるのか？　しかし、外食を一、二回ひかえる。お客をコンソメでもてなす。冷凍して、手土産やお見舞いに用いる。そんなこんなで収支決算。回を重ねていただきたい。日曜日、家族揃ってお母さんのコンソメを讃える。ほほえましい情景ではないか。

塾から帰った子ども。激務の夫をねぎらう。貴女自身も香ばしいパンとコンソメで昼食をめしあがれ。こういうことの積み重ねが貴女からにじみ出る真の豊かさの源となる。

私のコンソメは、専門職のように子牛のブイヨンを用いない。ただし昆布と干し椎茸を用いる。昆布の旨みはむろん、スープのアクを寄せ、澄明なエキスに仕上げる。椎茸が旨みと同時に肉臭を和らげるのには、ただ感嘆する。

日本産の原木椎茸をぜひ。コンソメに昆布と椎茸を持ち込んだのは、私が最初。仕事をやり込んだ料理人ほど、その理由を取り入れ、まるっきり違うものになったと感謝される。

第3章 究極のスープ

ビーフ・コンソメ

野菜と卵白はよく練る。アクを全部吸わせるため。

浮き上がってきた肉を通して、泡がふつふつと吹き上がってきたら火を弱めて1時間半。

ビーフ・コンソメ

●材料(10カップ分)

牛すね挽き肉
(挽きたてのもので、できれば粗挽き)
800g~1kg
玉葱　150g
人参　100g
セロリ　100g
卵白　2個分
水　カップ13+椎茸のもどし汁カップ3
ドライシェリー酒　大匙1½
塩　小匙1½~2
白粒胡椒　10粒
昆布　(5cm角)4~5枚
干し椎茸　4~5枚
(昆布と干し椎茸をカップ3の水でもどしておく。1時間くらい)
ローリエ　2枚

作り方

① 深鍋に挽きたての肉を入れる。
② 玉葱、人参、セロリは薄切りにする。
③ ①の鍋に野菜と卵白を入れ、手でよく混ぜ合わせる。ここに分量の水と椎茸のもどし汁を少しずつ加え、よくもみ混ぜる。
④ ③の鍋に昆布と干し椎茸、ローリエ、粒胡椒を入れて強火にかける。木杓子で底からゆっくりとたえずかき混ぜる（肉のアクをすっかり出すため）。煮立ってくる寸前まで10～15分かき混ぜていると、卵白がアクを吸いながら表面に浮き上がってくる。肉、野菜、アクが全部、表面に浮き上がってきたところで、かき混ぜるのをやめる。泡がぷつぷつ吹き上がるようになってきたら火を弱めるが、鍋の中央が静かに煮立っているくらいの火加減にして1時間半ほど煮る（味をみて時間を調節するが、この間、絶対に混ぜてはいけない）。
⑤ スープは澄んで、透き通っているものを漉す。木綿の布（鍋の直径の3倍以上あるもの）をずれないように2カ所しばり、布の中央に塩を置き、その上にスープをレードルですくい、漉していく。浮いている油を捨て去る。
⑥ 漉したスープを火にかけ、ドライシェリー酒を加え、塩で味をととのえ、供す。

第3章　究極のスープ

野菜コンソメ

じゃが芋は崩れにくいメークインを使う。

野菜だけでつくる究極のコンソメは、いわばスープの卒論。愛で炊くべし。

「スープを含む汁もの」を幾度かにわたって提唱してきた。最終項にあたり、現代を生きる私どもに「汁もの」はいかなる意義があるのか考えてみる。

仰々しいが、大前提として、人間にとって食べ物とは何か、再考するところから始める。それは生命の仕組み以外のなにものでもない。食べることで生命は完成されるように形成されている。何たる厳然であろう。

この仕組みの前に、謙虚である他ない。食べねばならぬからには、作らねばならない。即ち料理である。では料理とはいかなる行為か。必ず生命をよりよく養いうる法則に従い、食物の喜ばしい食べ心地を作る、第二の創造の業である。

汁ものは、海山の滋養と味の調和を配慮し、火と水の力を頼り。鍋にまかせ、炊き上げる。ものたちを前に心素直に、愛深く炊けば、中学生にも可能な仕事である。

汁ものの待つ家庭の食卓、給食の膳は、愛のとりで。作れぬ理由は、何一つない。

野菜そのものの味を出すためには、切り方を均一にすることが第一歩。

煮立たせず、弱火でほたほたという状態で。昆布は先に引き出す。

スープをとったあとの野菜。ポテトサラダなど、すぐ一品できます。

●材料（10カップ分）

じゃが芋（メークイン）　500g
玉葱　150g
人参　130g
セロリ　100〜130g
昆布（5㎝角）4枚
干し椎茸　小4枚
（昆布と干し椎茸はカップ2の水でもどしておく。1時間くらい）

ローリエ　2枚
白粒胡椒　5〜10粒
塩　小匙1〜2
梅干しの種　2個
水　カップ5＋昆布と椎茸のもどし汁カップ2（あるいは水カップ7か、鍋の野菜の2cm上くらいの分量）

作り方

① じゃが芋は1cmの厚さ、玉葱は3mmの薄切り。人参とセロリは5mmの厚さに切る。

② じゃが芋、人参は10分くらい水にさらし、ザルに上げ水気をきる。玉葱、セロリは水をかけ、水気をきる。

③ 野菜すべてを鍋に入れ、水、塩の半量、昆布、干し椎茸、ローリエ、粒胡椒、梅干しの種を加えて火にかけ、煮立ったら中火の弱で20分煮て、昆布を取り出す。さらに20分ほど弱火でほたほたと煮る。

④ 熱いうちにただちに静かに漉し、味をみて塩でととのえ、煮立てないよう温めて供す。

献立とは、献身と同じ字を使います。
誰かのために仕立て、すすめることは、
具体的な愛情の表現そのもの。
しかし、毎食、三品も四品も食卓に並べるのは
理不尽としか思えないことも。
そこで、スープともう一品の献立、なのです。
出汁からとったスープは、栄養がたっぷり。
のちの展開を念頭において「まとめ仕事」をすれば、
負担は軽くなっていくでしょう。
実践するうちに日々の相克も軽減し、
支えるものが身近にある幸せを感じます。
愛情を伝えられる日は、長いようで案外短いものです。

第4章

スープに合う料理

第4章 スープに合う料理

いさきのムニエル

魚を焼くときの香油の一例。玉葱、人参、セロリ、パセリ、にんにくなどの野菜くずをたっぷりのオリーブ油で弱火で、ゆっくりと炒める。

献立組合せ

- クレソンのポタージュ　p22
- ミネストローネ　p34
- ポルトガル風人参ポタージュ　p84

ムニエルの基本は、魚の下拵え。食べ方は展開自在。南欧風にて爽やかに。

魚に粉をはたき、油で焼く。魚の出生を問わず、調理少なめ、経済的、後片付けの簡単。五指に近い好都合を備えた魚の食し方。それがムニエルとかバター焼きとか呼ばれる料理。この調理法は何時頃から日本に定着したのか。私でさえ(大正生まれ)もの心ついたときから、当然のものだった。

料理法と、その「食べ方」は、別の知恵の働きが問われる。ものとその活用法。つまり、衣裳と着こなし。家と住まい方などの関係。ゆえにムニエルの如きものは基本調理法と考えよう。

ここでは基本の欠かせぬ扱いと、展開法を解説する。

ムニエルの食べ方＝一般的方法

① レモンと醤油／ウスターソース使用。大根おろしまたは変わりおろしにポン酢醤油。

ムニエルの食べ方＝展開的方法

① マリネードにして冷製で食す。

・玉葱ピクルスと香草、レモンで。

② ソースで煮込む(カレー系とトマト系)。

・魚単品で煮る。

・他の魚介、ピーマンなどサルサ・マリナーラで炊き合わせる。

③ 野菜の炒めもの、ソース類と組み、豪華な一品にする。たとえばキャベツとベーコンをさっと炒め、この上にかりっと焼いた三枚おろしのムニエルを盛りつけ、周囲にサルサ・マリナーラを置く。

ムニエルの基本

①魚が全形の場合の洗い方。魚は血が災いのもと。脊髄、エラの周辺の血塊を必ず洗い除く（魚を買ってきたら、冷蔵する前に手当てする。多くの方が、包みを庫内に放り込んで直前に下拵えするのは最悪）。

②魚臭に対する手当てとして魚身5切れに対して、5㎜厚さほどに切ったレモンの汁を滴々と落としかける。掌の中にレモンの片を当て、親指で押さえざまに指を軸にして搾ると、たった1片のレモンを有効に搾り切ることができる。

③魚介用ハーブを上手に使う。全形はとくにハーブを腹、エラにはさみ置くと有効。

④全形に塩・胡椒をふる場合、腹とエラの中を忘れぬよう。

⑤焼く場合。鍋は厚手が望ましい。粉をつけすぎると、鍋中が汚れる。美味しそうな焦げ目をつけて、鍋中を荒焦げさせぬことが肝要。理由は、鍋肌に付着したエキスから美味なるソースを作りうるから。

●ムニエル材料

切り身魚、磯魚各種

鱸（すずき）、鯛などの大きな魚は外側に焼き目をつけたらオーブンで火を通す。ここではいさき。

●副材料

にんにく、ローリエ、マジョラム、パセリ、ケイパー、オリーブの実、白ぶどう酒、レモン、塩

香油があれば上等（右ページ写真参照）

●作り方

①油で静かに、にんにく（片の状態）、ローリエとマジョラムを炒め、焦げぬ先に別器に取り出す。この香油で、魚を焼く。魚が焼けたら、火力を落とす（別種の香油は右写真参照）。

②①にケイパー、オリーブ、パセリのみじん切りを敏速に投じ、魚の上から白ぶどう酒をふりかけ、鍋をゆすりつつ、鍋肌をデグラッセする。

③温めた皿に魚を取り上げる。②の鍋の焼き汁を塩で調味し、魚の上からかける。レモンを添えて供する。

第4章　スープに合う料理

穴子の扱い・穴子丼

皮目を上に平らに置き、まずは皮の表面の粘質物を包丁のミネでこそげる。

60℃の温度でふらりっ、は見てのとおり。白っぽくなったら、ただちにザルに上げる。

煮汁で静かに7〜8分炊き、浸しておく。それだけで味がやさしく、やわらかになる。

魚を愛した人の教えは「ふらっと、ふらりっと」。風呂に入れるつもりで湯通しするが定石。

穴子の炊き方の「極めつき」をご紹介しておこう。この方法は、料理人の仕事にも、料理本にも、たとえば魚料理を頭から尻尾、内臓、皮に至るまで熟知していた魚谷常吉氏あたりでも、この扱いにふれていない。今後はもっと出てこないと考え、紙面にする。

私がこの方法をひと言聞いて、心底納得しえたのは、たんぱく質と温度の関係という科学的理由だ。温泉玉子に通ずる、たんぱく質が凝固する基本的温度であった。

鎌倉は長谷。地魚の店「魚広」。これは亡くなったおばあさんの処方。

おばあさんは家つき娘で、魚はさずかりものと、生涯魚に足を向けて寝なかった。魚の旬、見分け方、一等美味しい食べ方。たずねれば、その充満量から堰切ったように話してくれた。——これを世にとどめたく、テープ持参で通ったことがあったが、私の怠慢で完成せぬまま、忽然と召されてしまった——申し訳なくも惜しまれてならない。これはそのお福分け。おろそかにせず、お受けいただきたい。

「穴子の選び方」

美味なるものは、本当は江戸前。常磐・輸入ものは二の次。しかし江戸前の現状はタテマエになっているかもしれない。

旬は寒い時節、十二月から三月初旬、小さなものは、梅雨から土用にかけて旨いと言う。身の厚いのを好む方もあるが、私は、大きくないものが好きだ。

「下拵え」

A・一般的方法は、板の上に皮目を上に穴子を平らに置き、上から熱湯をかけ回し、すぐ冷水に移して冷やし、包丁のミネで、皮の表面に凝固し、乳白色になった粘質物をこさげ、洗って用いる。

B・おばあさんの方法は「最初に、皮の粘質物をこさげて、それからお風呂へ入れるつもりで、穴子をふらりっと茹でるんですよ」だった。この「ふらっと、ふらりっと」、それは、もの足ら

ぬ程ふらりなのですが、これが一番、皆さまにお伝えしておきたいところ。決して熱くてはいけない、湯の温度は六十度くらい。湯の中で、穴子が白っぽく、少々身を固くしたと見たら直ちにザルにあげる。

皮目の粘質は、包丁でこそげるだけでは残ることもあるので、身が冷えたら軽くとってやる。名うての料理人が、たぎった大鍋に、二十尾に近い穴子を一気に投じ、唖然としたことがあった。Aの方法も同様、一気に蛋白質がしまるのだ。おばあさんのは、固くせず、のびのびと表面を固めるのである。

「仕上げ」（私流）

①平鍋にややひかえめに煮汁に生姜を加えて味加減し、お湯した魚を丁寧に並べ、静かに七、八分炊き、使用するまで浸しておく、それだけ。

②焼く場合は、魚は寸法に切って焼き、煮汁はぐっと煮詰め、たれにして用いる。

①と②の穴子は、おばあさんに準じた炊き具合だ。

蕗ご飯の上に、穴子を。

蕗の香りと、穴子のふわりとした旨みが絶妙。

穴子は多めに炊いておけば、展開は自在。

白焼き穴子とささがきごぼうの八丁味噌仕立て、

あるいは三つ葉、百合根とともに玉子でとじた玉子しめ。

蕪蒸し、蓮蒸し。巻き鮨、ちらし鮨、天ぷら、唐揚げはもちろん、

エスカベーシュやブイヤベースにも。

第4章 スープに合う料理

魚のみりん干し

この季節、谷戸を吹き抜ける、風干しの凝縮された味わいたるや。

私の住む鎌倉の谷戸は夕焼けの名所である。

「西山にうすれて残る夕映えは　ここには遠き光なりけり」　岡　麓

この歌のように、夕焼けが残光となるまではもの想わず、西の山並みに向かっていることがよくある。

晩秋から初冬にかけ、夕日に向かうこと、すがれの草花を採集し一つの壺に活け合わせ、しみじみ讃えること。私だけの行事なのである。

こうした日々を迎える頃、待っていた風が吹き始める。

待っていたとは、間違いなく魚を美味しく食べうる季節のこと。

間違いなくとは、そのものの真味が現れるべくして現れるということだ。

魚は刺身、焼く、煮る、揚げる。揚げたものを漬けるなど、いずれも甲乙つけがたいのですが、私の好みは、少々〆るなり、干すなりして、身の味が凝縮したもの、しかも人の手でなく、太陽の光と冷たい風の力で凝縮させたものは、まことに結構この上なく、この味わいを知っているのは、もしかしたら日本人だけかもしれない。

欧風にも中華にも、魚に塩をあて、適正時間乾かして食すことをすすめる料理を知らない。しかも多種類の磯魚をこのように扱うことが可能になる。

魚の種類と脂ののり加減により、塩の分量と干し時間を手加減する風干しの方法は、私の著書『旬を味わう』などで解説いたしました(この通り作ってくだされば、必ず成功する——子どもが目を丸くして——の報告もある)。

それでここでは「みりん干し」を解説する。別趣の面白味、とくに鯛や秋刀魚など、買いやすい魚の扱いとして上々だからだ。

またさらに別種の興趣として牛肉の風干しも。市販のビーフジャーキーなど足許にも及ばぬ、ビールのアテに最適のものに仕上がる。

鰯、秋刀魚

① 魚は背開きにする。
② 軽く塩を両面にあて、1時間冷蔵で脱水。
③ 滲出液は、丁寧にぬぐう。
④ みりん地に漬ける。浸し地は、みりん1、濃口醤油1、生姜絞り汁。これに中羽鰯なら40分。大きければ、秋刀魚同様、1時間近く漬ける。みりんと酒を合わせてもよい。
⑤ ④を金串に刺して干す。

牛肉（非常に便利）

① もも肉、5㎜厚さほど。厚いと思えばたたけばよい。
② 浸し地は、みりん、醤油同割り、生姜、場合によりにんにくも可。40分ほど漬け、干す。種々の惣菜が繁栄しそうだが、本当に頼れるのは、我が手に依るものだと思う。

誰の家にもある物干しを利用するとよい。
ベランダの片隅で作れ、重宝この上ない。
干す時間は、大きさにもよるが、ほぼ2時間前後が目安。
表面の皮がピーンとつっぱったらよし。
長すぎると乾きすぎたり、傷んだりすることもある。
できれば北側、日陰で風干し、が理想。

太刀魚

太刀魚のみりん干しは、まな鰹の幽庵や西京漬けに準ずるほどに食べられる。とくに日常の弁当に重宝。

① 太刀魚は、三枚におろしてもらう。長いものを20㎝ほどに切り、軽く塩して、40分くらい。
② 滲出液をよくぬぐう。
③ 上解説の浸し地の割合より、やや醤油ひかえめ、生姜汁少々に40分ほど漬ける。
④ ③を干す。切って焼く。

第4章　スープに合う料理

鯖の棒鮓（ぼうずし）

脂ののった寒鯖は「〆る」が何より。万全を期して、酢飯について解説する。

寒に入るとすべての魚の味は格上がりする。中でも脂ののる青背の魚は、脂のキメが細かくなる。包丁につく脂を見ただけで、質の変化がわかる。

数ある中で鯖。十年、二十年前のような気楽さはないが、それでもやはり身近な魚である。

鯖を煮たり焼いたり、美味しい料理は多々あるが、やはり寒の鯖だ。〆てみたい気持ちにかられる。上手に〆ることを覚え、刺身、棒鮓、巻き鮓、焼き物にと、自在展開し台所仕事の楽しみをものにしたい。

母・浜子は、女ながらに「握り鮓」を闊達（かったつ）に握れる人で、辰巳さんとこの握り会は父の友人仲間、母のお茶仲間で、招待を心待ちせぬ方はなかった。

正月の握り会はとくに賑やかな材料が並んだ。その中に「私の鯖の〆め方」というひそやかな自慢があった。「下手な鮪より旨い」と歓声があがると、当然と言うように絹のたすき姿、笑顔で応えていた。

その自慢だった「〆方」をお伝えしたい。

作り方、プロセスの写真（114〜115ページ）をじっくりとご覧いただきたい。さらに、その食し方は次項をご覧あれ。

まず第一に。やわらかめの酢飯が好ましい。その理由は、最低半日は押しをかけて食べるため。つまり、夕食のためには、午前中作る。最良は夜なべで作り、押しをかけ、常温の冷所に置き、翌日の昼食、お三時、夕食に食せば、身に沁む旨さである（これは押し鮓系のもの総てに言いうる）。

鮓を包む竹の皮も大事であるが、なかなか手に入らないとの声も聞く。かたくしぼった布巾の上に厚手のラップを広げ、代用としていただきたい。酢飯を広げ〆鯖をのせたのち、ラップをきっちり形作る。さらに布巾で左右を締め上げ、最後に巻き簀で巻き、左右を押し込むようにして形をととのえる。

昆布は白板昆布を用いる。平たいバットに広げて水カップ一〜一と二分の一、酢カップ二分の一、砂糖大匙山盛り二杯ほどで、やさしく炊き、冷ましておく。

生姜は皮をむき、繊維にそって薄切り、さっと塩湯を通し、酢カップ一、水カップ一と二分の一、砂糖カップ二分の一を煮立て、ここへ投じて、火を止める。常備すると便利。

献立組合せ

- 大和芋の清汁 p64
- 揚げ出し豆腐の味噌汁 p68
- 干し椎茸のスープ p96

柚子の砂糖練り、うどと三つ葉のお浸し、酢どり生姜と防風の和え物を添えて。玉子の中巻きとともに。酢は上質のものを。

鯖の棒鮓

三枚におろした両身にたっぷりの塩をする。30分から50分。

○作り方

①〆て甲斐ある鯖を入手すること。旨みのある、塩らしい塩を用いること。天然醸造酢を用いること。以上は〆鯖を作るための第一条件。

②鯖は三枚おろしにする(鮮魚店でおろしてもらっても、中骨は船場汁用にもらってくる)。

③魚身の両面へ、塩を、雪が降ったようにあてる。いわゆる強塩(ごうしお)の3倍くらいかもしれぬ(魚に塩をあてるには、藻塩・中塩・強塩の3段階がある)。塩をあてておく時間は魚身の大小と脂ののり加減により、差がある。最低30分から最大50分が考えられる。昔々、若狭湾でとれた鯖を塩にし、笹をあてがい、竹籠に入れ、夜っぴいて京都へ運んだという。この時間的要因が有効に作用し(想像だが、ハムを作るとき肉をもむ。荷のゆれも欠かせぬ作用)、絶妙のしまり加減を生じ、このしまり加減から、関西の鯖の棒鮓が生まれた。若狭にも鮓はあろうが、耳に入ってこない。つまり、この原理を想像力によって見つめ、〆鯖は、鯖を酢で〆るのでなく、塩で〆るのだと、しっかり納得せねばならない。

④③を水道の蛇口の下で、さっと水洗いし、酢につける。酢の中に生姜の皮、レモン1片を投じておくと、魚臭はやわらぐ。

水でさっと塩を流した後、酢につける。生姜や柚子の皮、レモン一片などとともに。

軽く酢気を布巾で押さえ、水気を取ってから皮を引く。少しずつ丁寧に。

血合いを切り取り、片身を2つに分け、さらに身の厚いところをへぎ、一様の厚さに開く(鯖の片身から2本棒鮓が作れる)。

冷暗所で最低6時間から半日くらいおいてでき上がり。

⑤ ④の酢〆時間は、最低20分、最大40分、決して酢で真っ白になるようにしない。また鯖鮓の場合は、刺し身より、少々早く切り上げる。なぜなら、鮓にすることで、酢飯の酢の影響を受けるからである。

⑥ 皮を引く。次に思い切って血合いを切り取る。血合いのくどさを除き、骨をいちいち抜くわずらわしさを避ける（後にこの血合いは3～4㎝に切り、焼く。おろし大根におろし生姜、または酢どり生姜を添えて供す。酒の肴は才覚で、の好例である）。これで片身が背の身と腹身の2つの部分に分かれる。さらにこの身を開き、すっと酢をくぐらせて用いる。

竹の皮に酢飯をのせ棒状に形を作る。〆鯖との間に酢どり生姜せん切りを。

ぎゅっと形作り、昆布をのせ、しっかり包み紐をかける。

布巾2枚に包み、乾燥しないようビニールで包み、押しをする。

〆鯖の焼き物

献立組合せ
- 小松菜とあさりのポタージュ　p24
- 日本葱のスープ　p66
- 汁かけ飯　p72

極上の〆鯖は刺し身でよし、鮓でよし。焼きもの、はたまたムニエルと、展開自在。

前項で、鯖を〆る方法を懇切に解説した。

その食し方は大別すると三種ある。

①〆鯖をそのまま刺し身で食べる。

②鮓にする。にぎり鮓、棒鮓、巻き鮓(中巻)。

③寸法を小串に切り、火を通して用いる。つまりそのまま焼く。粉をはたいて油で焼く。衣をつけて揚げる。

ここでは三番目の火を通す仕事を紹介したい。

・焼く＝小串に切り、ただ焼くのだが、単なる塩焼きと、どうしてこんなに差があるのかと思うほど美味。だまされるつもりで、実行していただきたい。金串でいかにも美しい焼き目をつければ懐石にも立派に通用する。日々のお菜、酒肴、弁当のお菜。喜ばぬ方はいない。

・南欧風ムニエル。厚手のスキレットで仕事をする。オリーブ油、にんにく、セロリの屑、ローリエなどを弱火で炒め、香油を作る。

鯖片身を四つ切りにし、粉をはたき焼き始める。八分通り焼けるまでに、先の香草類は焦げ始めるから取り出し、新たににんにく薄切り、ケイパー、オリーブの実、パセリのみじん切りを投じ、白ぶどう酒で、デグラッセし、その焼き汁をかけて供する。

・中華の酢豚の豚の代わりに、衣をつけて揚げ、野菜あんをかけて供する。

「鯖」について。鯖は、よい魚屋の品を頼りたい。もし不安があれば、玄海の鯖に塩をし真空包装、クール便で送ってくれる店がある(ウエダ　☎092・714・6161)。寒鯖は十二月半ばから二月半ばくらいまで。

鯖はもとより、調味料まで吟味してほしい。
素材が味を決めます。
本文中に紹介したウエダの鯖は、
一夜干しも美味。酢は玄米酒酢を。
格段の差が出る。

鰯の酢煮

目にも鮮やかな山椒の緑がうれしい。気持ちを浮き立たせるのも、日々の料理をうまずにつづけるための工夫。さて、鰯の下拵えを。頭を落とし、開いてわたを除き、立て塩で洗う(10%の濃い食塩水につけて洗う)。ザルに上げて水気をきる。腹の中も忘れずに水気を拭く。

煮炊きものにふくよかな梅干しを投じ、底味と防腐に。よりよく生きんがための知恵。

「塩梅(あんばい)」という言葉がある。程よく味をととのえるという意味だ。お塩梅をみる、塩梅すると台所で言い交わすのである。

都合のよい調味料のない時代、私共の先祖は、梅を塩で保存することを覚えると、すぐさま調味料として用いたようだ。

それは至って日常的で、雑穀粥、汁、煮炊きものの鍋に投じ、底味と防腐の役に立てたに違いない。つまり言葉の生まれた程、重宝していたのであろう。

よりよく生きんがための工夫の集積は、特筆すべきものを育てる。その代表は、室町時代になって形となった煎り酒だ。酒、梅干し、鰹節の芯、焼塩などで、時間をかけて作り、なます、酢の物などに用いた。梅干しを用いた調味料のお手本で、現代に至るまで守りつがれ、丁寧な料理に添えられる。

梅ひしお系の調味料、麹酢といった食方法も、塩梅の暮らしの流れにあったものだ。

ここでは、爐辺(ろへん)の女たちの日常行ったはずの単純な使い方を紹介したい。

前提として、梅干しは、塩も味噌醤油も持たぬ、爽やかな底味を食物に添えるものであること。用うれば、一日保つものは、二日保つ。

傷みのみでなく、味の移ろいをもおしとどめる。これをしっかり肚に収め、以下をお読みいただきたい。

「実例」

- 御飯=米カップ三に対して、果肉のみ一粒分用いる(種子は瓶に蓄える)。
- お結び=中心部に梅干しを入れるのは防腐であろうか、空気にふれる面こそ防腐すべき。手水に塩でなく、梅干しの果肉ペーストを掌にぬる。または梅酢を用いる。
- 野菜の煮炊き=足の速い野菜、たとえば隠元。薄味にせよ、佃煮風にせよ、醤油を控え、

献立組合せ

◉大和芋の清汁　p64
◉日本葱のスープ　p66
◉揚げ出し豆腐の味噌汁　p68

酢煮の分量は、鰯1～2kgに対し、水はひたひた、酢カップ1と½、醤油カップ⅔、酒カップ½。唐辛子5～6本、生姜の皮適量。「あくまで目安。好みもありましょう。煮魚は辻褄で仕上げてください。ただ、砂糖は使わないほうがあっさりいただけます」

三〇〇gの隠元に梅干しの種子を二、三粒投じて炊く。歯ざわりも清潔をおびる。人参にも用うれば、汁をかきにくく、発色もよい。ごぼうは反対に色白となり、アクを軽やかにする。

◉魚を炊く＝鰯の酢煮、落鮎をはじめとする煮浸しに梅は欠かせない。

鍋は瀬戸引き。私は角バットで炊き、そのまま冷蔵するのが大好き。竹の皮をさいて敷くのは欠かせぬ必要。竹の皮の端をたたみ込み、小石を軽くのせ、落とし蓋にする。申し分のない段取りでよい心地（写真参照）。

酢煮の鰯は中羽を使いたい（二歳）。魚は竹の皮の繊維に対し対角に。互い違いにきちっと詰める。初夏には、山椒の荒葉をたっぷり使えるのがうれしい。生姜と共に、底、中間、覆いにも使う。梅干しは、魚二十尾に対し三、四粒。唐辛子も忘れずに。酢は最初全量の三分の二。仕上げに残りを用うるのが賢い。他は酒と醤油。

「大小さまざまな石を持ってます」。漬物はもとより、落とし蓋の押さえにも。「ただし、清潔にはことさら気を使ってほしい」

第4章　スープに合う料理

豚の角煮

瓶にて冷蔵保存しておく。
煮汁を煮物に、肉は割いて加える。
人に贈っても喜ばれる一品。

ものおじせず角煮を炊いてみる。頭をやわらかくし、洋風の手法にて。

「頭はやわらかく使う」

私の大好きな態度だ。やわらかく使う根源は、つねに、ものともの事の本質を見極めようとする態度から始まる。その足場から、至って自然、当然のことのように新たな発見、みずみずしい気付きが溢出する。

そこにはわざとらしさがみじんもない、必然性にみちた提案が豊かにある。

豚の三枚肉を角煮風に炊いてみようなどの日常茶飯でも、次元は同類。

東坡肉（トンポーロー）、角煮のコンセプトは、一定の美意識を持って私どもに迫ってくる。先人の蘊蓄（うんちく）もまた気後れの因になる。

私は角煮の端し肉や煮汁を使いまわした経験から、先人の教えを大切にしつつ、角煮を「煮ものものもとたね」と考え、ものおじせずに炊くことをおすすめしたくなった。

第一に、三枚肉は、上等物で一〇〇g二〇〇円どまりの手頃な価格。角煮の手法で充分茹でれば、問題の脂肪を除くことができる。香味野菜を添えた、旨みのある汁を吸いもどした肉は、旬の野菜、乾物類に、こまやかなこくを添え、調理効果につながる。

ここでは肉の炊き方を、次項は展開法を解説する。

この煮方が和風の角煮と異なる点は、香味野菜を用うること。とくにオカラを用いるような見当はずれなことはしない。これは肉の本質を知らない方法と思う。肉臭は、昆布と椎茸で、見事に除かれ、栄養のバランスもとれている。おそらくスープは残るだろう。それは我ながら「うまい」と感じられるはず。香味野菜のおかげだ。

香味野菜を用いる——一晩おく。おしなべて洋風の手法。頭はやわらかく、自由に、法則にかなって使う。

二重鍋に材料を入れ、水はかぶるくらい。沸騰して10分。アクを取り後6時間ほどおく。

一晩冷蔵庫に入れ脂を固める。ぱかっと剥がすように脂を取り除く。透明なスープが美しい。

昆布と干し椎茸の旨みがじっくりしみ込んでいる。肉はふわっとやわらかく、味はあっさり。煮物のもとだね、という発想ではあるが、もちろんそのまま食してよし。その際には、煮汁を煮詰めてタレにして、からめて食してほしい。

● 材料（作りやすい分量）

豚三枚肉（脂身と赤身がほどよい層になっているもの）　1kg
香味野菜
　玉葱　150g
　人参　100g
　セロリ　150g
　生姜　親指大1½
　にんにく　2かけ
水　かぶる程度
調味料
　酒　カップ⅔
　赤ざらめ　カップ⅔
　濃口醤油　カップ½強
　昆布40g
　干し椎茸4枚を戻した水

● 作り方

① 豚肉、玉葱2つ割り、人参4つ割り、セロリ3つ切りくらい。生姜、にんにくはつぶす。水は肉の上2cmほどかぶるくらい入れる。

● 普通の鍋を用いる場合は煮立ちがついたら火を弱め、アクを除きつつ1時間半、肉にラクに竹串が通るまで静かに茹でる。

● 二重鍋を用いる場合は、アク除きの後10分ほど煮たら外鍋に移し入れ、6時間くらいおく。

② ①の鍋中から野菜類のみ取り出し、鍋ごと冷蔵庫へ入れる。半日放置しておくと脂は完全に固まり、肉は放出したスープの味を吸い戻す。

③ 鍋の脂は、苦もなく取り除ける。肉を4〜5cm角に切り、煮込み鍋にぴっちり並べる。スープ⅔、椎茸のもどし汁⅓の割合でそそぎ入れる（肉の上2cm）。ここへ酒、砂糖を加え、昆布で肉の上を覆い、椎茸も添え、まず30分ことこと炊く。甘い味が肉にしみ込んだら醤油を2度に分けて加えつつ、2時間くらい煮る。

豚の角煮を使って

角煮と野菜の炊き合わせ

献立組合せ
- 大和芋の清汁 p64
- 干し椎茸のスープ p96
- 野菜コンソメ p102

あらゆる煮物の底味に。角煮は、さながらオーケストラの練達の演奏者。

前項の角煮は、案ずるより骨も折れず、大成功で、皆さまの中には煮もののもとなど勿体ない、そのまま食べたい方が過半数であったかと思う。

それはそれでお喜び申し上げます。

しかし、願わくは三分の一程はよけて、写真にあるような野菜や乾物の隠し味のように炊いてみていただきたい。

油揚げや、がんもどきを味の頼りにするのとは別趣性を見いだされるはず。

単に、肉というたんぱく質、脂質の力によるのでなく、一度充分手をかけたものの、上質の力を持ち込むと何気ないものの底味をいかに支えるか。さながら練達の演奏者を加えたオーケストラの音色がつやを帯びるのに似ているのだ。それを理解、応用していただくのが狙い。

昨今、料理に於ける「丁寧」は流行らないようだが、味、味わいは注意丁寧、注意丁寧の繰り返しによって、自ずから生まれ、そなわる。

それは生命の扱いの学舎でもある。

即ち、日々の食材の、本質に添って、なすべき手だてを講じ、果してゆく。向き合う態度は人の生命に手をさしのべる方法論にみちている。言わず語らずの方法論だ。

食材の扱いを人間の生命の扱いに重ねてゆく。これは示して示しうるものでなく、本気の人に与えられる一種の恵み、開眼。

さて、写真を見ていただきたい。芋、茄子、麩、海藻、切干し、青ものなど。

- 芋は、里芋に限らず、じゃが芋もおすすめできる。じゃが芋なら肉じゃが風に玉葱と共に扱われるとよい。

里芋は切干しと相性がよく、切干しは、少量の油で炒めると臭いがやわらぐ。

- 麩は、車麩か丁字麩(ちょうじ)が適している。麩は事前にゆっくりと水でもどし、掌の間にはさんで水分

を押し切り、充分熱した油で炒める。乾物臭がやわらぐ。
◎海藻は、そこに見られるのは、すき昆布というもので、さながら切ったもののように繁茂しているのだそう。昔々の切り昆布の旨みには乏しいが、手間いらずで、海藻の成分をとるためには、ありがたい食材。

ひじき、あらめも最適。

海藻の扱いで共通の注意は、よく洗ったら、至ってひかえめな水で、天地返ししつつ、短時間でもどすことだ。三十年前の海藻とはたいへん質が変化している。よく洗って、しばらく水切り籠に入れて充分というものもあるほどだ。

海藻臭は、レモン汁少量をまぶすと、やわらぐ。さらに生姜風味の油で炒めると、食べ心地のよいものとなる。

煮炊きものにあてがう出汁は、一番出汁、煮干し出汁、チキンブイヨン。肉は、切るなり、崩すなり、大切なのは、角煮の煮汁を上手に残して加えること。砂糖は喜界島の赤ざらめを。甘味の抜け方が、上白糖との差になる。

フリースタイルで盛りつける。彩りよく。
角煮を中心に、人参、車麩、ししとう、ごぼう、すき昆布、切り干し、茄子、里芋……。芥子、そして柚子胡椒は熊本・下村婦人会のもの。
実に小気味のいい味わい。

ポルペッティ・アラ・ボロネーゼ

①

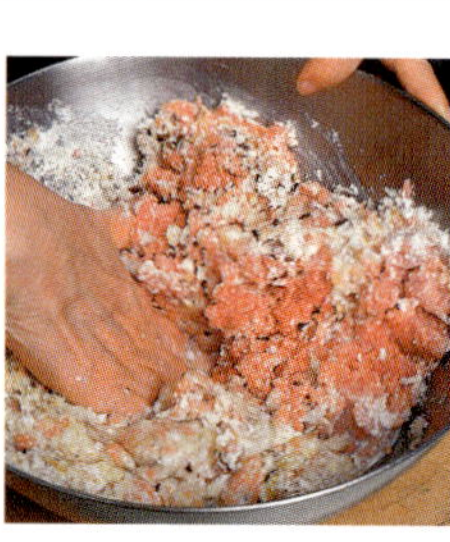

②

③

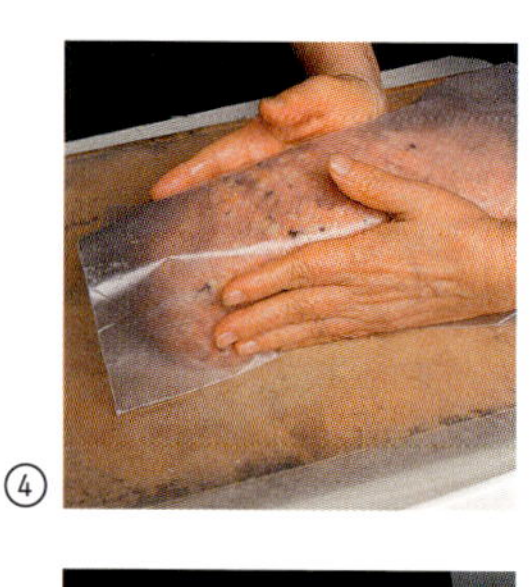
④

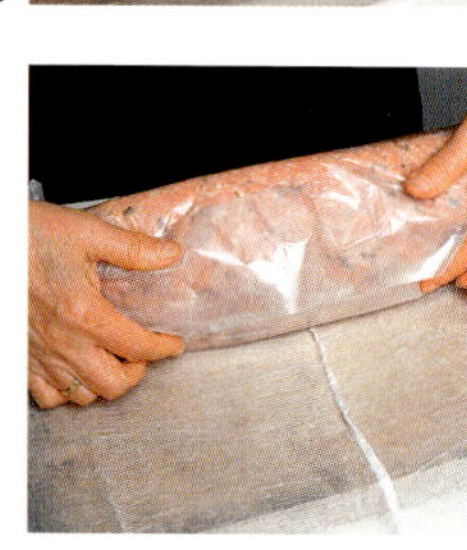

肉牛に恵まれたボローニャの料理。しっとりした味わいが極上。

Polpetti alla Bolognese――私はこのイタリア語の発音が好きだ。発音と同じに、この料理を心楽しく作り、美味しく食す。

左記の材料をよく読んでほしい。いかによい料理であるかを解説したい。

ポルペッティは、肉牛に恵まれたボローニャの料理。イタリアでは子牛肉は、生後六ヶ月でと畜する。したがって、成牛にない美味を備えている。その子牛の軽さをパルメザンチーズで補い、レモンで肉臭を和らげ、材料を紙で円筒にまとめ、布で巻きしめ、クールブイヨンで静かに炊くことで火を通す。冷める間にブイヨンに滲出した旨みを肉に吸収させる。子牛の挽き肉は入手困難なため、ここでは豚ももの挽き肉で紹介する。

冷製、温製、ともに焼くという手法にはない、おとなしく、しっとりとした味わいで、ともすれば挽き肉が伴う「下品」を免れた料理。また、見聞きするより、容易に上達しうる手法であると考える。

ホーローの、深さのある四角い容器は、熱し、そのまま冷まし……と使い勝手がよい。参考になさってほしい。

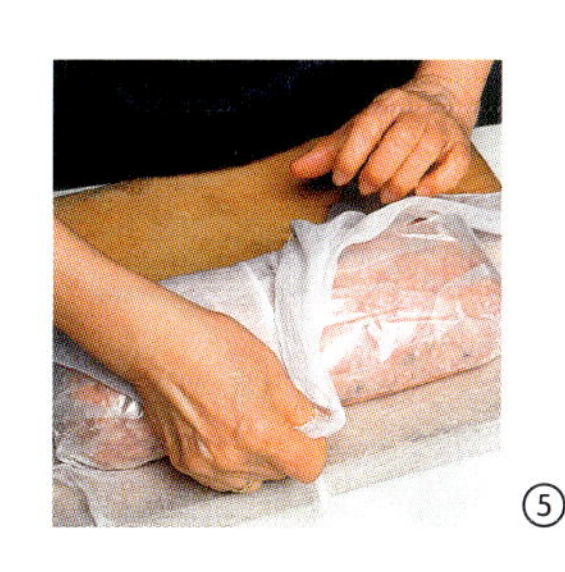

⑤

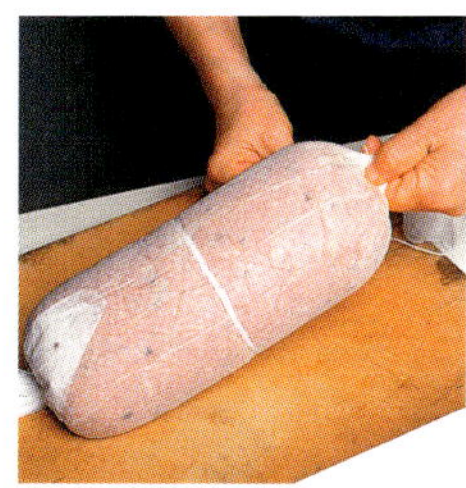

⑥

⑦

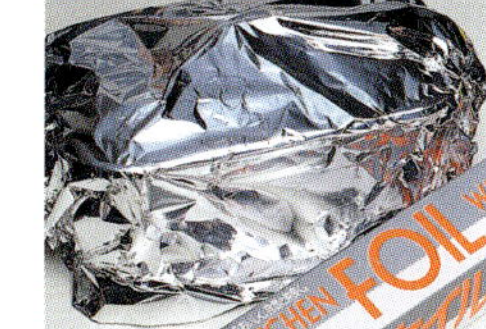

⑧

⑨

材料(作りやすい分量)

子牛挽き肉　1kg
(一般家庭では手に入れにくいため、ここでは豚もも挽き肉を用いる)
クールブイヨン★　カップ1½
生椎茸(みじん切り)　カップ½
自家製生パン粉　カップ1~1½
パルメザンチーズ(レッジャーノ)　カップ½
レモン汁　大匙1~2
卵　2~3個
塩　小匙2
胡椒・シナモン　各少々
牛乳　カップ½
ローリエ　1枚

★クールブイヨンとは、チキンブイヨンに玉葱とセロリを炒めたものに、白ぶどう酒、白胡椒、塩を加えたもの。

ワックスペーパー、布、タコ糸を用意する。

作り方

① 挽き肉にクールブイヨン、ローリエ以外のすべての副材料を加え、よく混ぜ合わせる。こねずに、さっくりさっくり混ぜるのがコツ。
② 手のひらでよくたたき、肉の間の空気を出しておく。
③ 油を塗ったワックスペーパーに円筒形にのせる。
④ 上からもワックスペーパーで形作りながらくるむ。ペーパーで巻き込む。
⑤ さらに、二重ガーゼでくるみしめる。タコ糸で、中心と両端をしばる。片方をしばったら、もう一方をきゅっと固くしばる。
⑥ 長方形の鍋に入れ、白ぶどう酒でデグラッセした玉葱とセロリ、水(クールブイヨン)を加える。
⑦ ローリエを加え、ワックスペーパーで蓋をする。
⑧ 熱をのがさぬようアルミホイルでおおい、火にかけ弱火で静かに炊いてゆく。
⑨ 途中で天地返しして55~60分炊き、火を止めて冷めるまで静かに置いておく。

第4章　スープに合う料理

ポルペッティ・アラ・ボロネーゼ

もの静かな調理過程の変化を見守る。それは、極めて人間的な楽しみでもあって。

ポルペッティ・アラ・ボロネーゼをおすすめする理由は、

- この料理が挽き肉を丸めたり、ローフ型にして焼いたりしたものとは別趣。上品でしっとりした仕上がりになるから。
- 調理過程で、紙で巻きととのえ、布で巻きしめ、深めの長方形瀬戸引きバットで静かに炊く。このもの静かな調理過程の変化を見守る——こんな知る人ぞ知る、いたって人間的な楽しみもあること。
- 少々手の込んだ料理が仕上がったときの達成感。
- 一つ仕上がりを多様に展開することでもの事を敷衍(ふえん)してゆくに必要な目を開き、力をつけるよすがにもなること。

その気になって、ものごとの奥を見てゆくと、何気ない肉料理一つ、相当人を育ててくれるものだ。暮らしを丁寧に生きることの賢さに皆さまが気づいてくだされば、これまで書きつづけた甲斐があるというもの。

この解説は、もはや分量の世界ではない。ご自分の感覚に問いかけて作っていただきたい。

「温製への展開」

①ローフを煮たクールブイヨンを玉葱、セロリともどもミキサーにかけ、煮詰める。半量ほどになったら、コーンスターチでとろみをつけ、調味し、七ミリから一センチに切ったローフを静かに温める。更にローフを並べ、上からソースをかける。このソースには、生クリームを加えてもよし。また、コーンスターチでなく、昔ながらにブールマニエでつないでもよい（ブールマニエとは、バターと小麦粉を練ったもの。ソースのもととなる）。

つけ合わせは、季節の温野菜。一例だが、五月ならば、あらかじめスープ煮した筍やグリーンピー

献立組合せ

- カリフラワーのポタージュ　p82
- ポルトガル風人参ポタージュ　p84
- 野菜コンソメ　p102

右写真が温製。左が冷製。グリーンピースが清々しい。

スを煮詰めたブイヨンの一部でなじませ炊きし、つけ合わせにするのは、食感に起伏を作るので、喜ばれる。夏に向けては、オクラ、空豆などもしゃれている。

主菜はつけ合わせいかんで、生きも死にもする。こういうことを料理家が言わなくなって久しい。

「冷製への展開」――ゼラチンを添える場合――

写真では、レタスのせん切りの上に並べ、オリーブなどを添えたが、ゼラチンを添え、ともに食してもらいたい。

①クールブイヨンを漉す。これをカップ二杯ほどに煮詰める。この煮詰め液で、固めのゼリーを作る。ゼリーをさいの目に切って、すぐ溶けてしまわぬ程度にゼラチンを用い、ゼリー液を作る。やや塩味をしっかりととのえ、スペイン産のドライシェリーでも用いれば、ぐっと上等になる。ゼラチンはゼリエースのゼラチンリーフ600がよく精製されており、使いやすくもある。

②ゼラチン液をバットに一センチ高さに流し固める。

③肉を切って並べ終えたら、②をマッチ棒状か一センチの角切りにし、肉のぐるりを飾る。このゼリーが肉を食べるときのソースの代わりとなる。

ホテルのビュッフェサービスなどでは、このゼリーは最後まで溶けぬようわざとコリコリに作るようだが、家庭の場合はその場で食し終えるから、口中に入れたらすんなり溶け、肉を食す場合の添え味となる目的で作る。日常の料理をその都度の目的に合わせ、手加減する。人間形成の一端に他ならない。

鶏挽き肉の丸（がん）

口触りふんわり。上品でいて、しみじみ。「丸」の名にふさわしく、格式を帯びた味わい。

「この肉団子って上品！　どうしてこんなにやわらかいの？　それでいてしみじみした味」

挽き肉の丸めたものを、概して肉団子と言う。しかし、これから紹介する材料と手順で作ったものは肉団子とは言わず、「丸」と呼ぶ。鶏で作れば鶏の丸。鶉で作ればうずらの丸。丸の名にふさわしく一種の格式を帯びるように作りたいもの。正月をめがけ、これを気疲れせずに作れるようになっていれば、経済で重宝なさるはず。

展開範囲を申し上げる。

①丸とその炊き汁を足掛かりに、薄味ながらしんみり味の煮〆ができる。

②椀種として、とくに正月の祝膳にふさわしい、心のこもった印象につながる。

③炊き合わせの主役になる。四季の野菜、乾物を美味にする。とくに冬季に旨みの増す白菜、蕪、海老芋、里芋と炊き合わせ、柚子の香気を添えていただくのは、日本の風土を一椀に受ける心地がする。

④あらゆる鍋物の具にも適する。

首骨は濃厚な旨みを持っている。
本来は、挽き肉400gに対し1本分を、石の上で味噌状になるまでたたき、肉身に混ぜて独特の旨みと歯触りを作るのだが、多くの方にとり、不可能と考え、煮汁に旨みを抽出し、それを丸に含ませるようにした。

●鶏の丸の材料（作りやすい分量）
- 新鮮な鶏の上挽き肉　400g
- 塩　少々
- みりん　大匙1
- 醤油　大匙1
- 白味噌　大匙2
- 卵　1個
- 浮粉　大匙3（溶く水はカップ1/2）
- 生姜絞り汁　小匙2

●煮汁の材料
- 水　カップ6
- 昆布（5cm角）3枚
- 干し椎茸　小4枚
- 鶏の首骨　2本
- 塩　少々
- 酒　大匙3
- みりん　大匙4
- 醤油　大匙3

作り方

①まず煮汁の用意からする。水に昆布、干し椎茸を投じ、1時間おく。これへ鶏首骨を湯引き、水洗いし、充分たたいたものを加え、煮立ったら弱火にし、30〜40分首骨の旨みを引き出す。調味料を加え、炊きつづける。この間に、丸の用意をする。

②挽き肉をボウルに入れ、水溶き浮粉以外の材料を手指でよくよく混ぜ合わせる。

③よく混ざったら水溶き浮粉を入れてさらによく混ぜ合わせる(15分ほどおくとなじんで扱いやすくなる)。やわらかさの程度は、大匙に入れた肉が、匙を立てたときにぽとりと落ちる程度(なれれば水分をもう少し増すことができる。私は浮粉水をカップ$\frac{2}{3}$用意し、様子を見ながらできるだけやわらかくする)。

④煮汁の分量は水分が$\frac{1}{3}$ほど減っていると思う。汁の味見をして、③を大匙にすくっては落とし入れてゆく。方法は写真参照。煮汁の中に落とした丸の形が悪くても、火の力で意外に整ってゆくものである。

⑤丸は12〜13分で火が通る。炊きすぎると煮汁に味が逃げるから、順次引き上げ、後に全部汁に戻し、半日は味を含ませる。

首骨を2本、古いまな板の上で充分にたたく。肉切り包丁、なければ出刃包丁の角で重みを利用して落とすようにたたく。手首を痛めないよう。

上 挽き肉に卵、調味料などを入れて混ぜ合わせ、最後に水溶き浮粉を加え、さっくり、ふんわり混ぜる。その際、使うのは指の第2関節までにするとよい。

大匙でたっぷり山形にすくい、細身のゴムべらで山の形にととのえ、へらを用いて煮立った煮汁の中へ落としてゆく。山の形は、余分なものを落とすつもりで用いると、美しい丸になる。

白菜、海老芋。季節の優しさに満ちた、野菜や乾物との炊き合わせは絶品。正月の雑煮にも。

120ページの角煮をもとに煮炊きものを展開してくださった方はいらしたかな(一%あれば拍手喝采)。角煮を叉焼(チャーシュー)代わりにし、白髪葱ふんわり、黒胡椒ふって、中華そばを召し上がった方はあるかな。

実はわざと書かなかった。頭は展開的に使わないと損！　を身に沁みていただきたく、この美味は後にした(角煮をそのままでも、七ミリほどに切ってもよろしい)。

鶏首の丸の展開についても詳細を記した。

首骨のたたき身を炊き出した煮汁を含ませるべく、段取りして炊くのですから、丸そのものも軽くてこくがあり、たっぷりめの煮汁はさらに旨みにとんでいるはず。

この煮汁を活かすのが、炊き合わせの仕事だ。鶏は豚と異なり、優しい素材。したがって、炊き合わせるのも、ほとんどアク気のない、季節の優しさに満ちた、野菜や乾物が適している。

おすすめは、白菜、蕪(近江蕪なら最高)、海老芋、八ツ頭(里芋には悪いけれど、少々物足りない)、これに粟麩、つと麩、生湯葉(巻き湯葉が適する)。

青味は、春菊、芹。人参を彩りに欲しければ、そぼろ人参(長めのせん切りにしたもの)、薬味はふり柚子でしょう。

次に扱いを少々略記しておきたい。

●白菜は、外側数枚は他の料理に用い、中心の直径十二センチ程度のやわらかい部位のみ用いる。二つに割り、さっと塩湯で湯引き、二つを後先(あとさき)に組み合わせ、竹の皮で結び蒸し器に見合った落としに据える。先の丸の煮汁の三分の二に出汁と調味料を補い煮立て、白菜ひたひたにかけ回し、蒸し上げる。

蒸すという調理手法は、ものの本質を全く損なわず、旨みを引き出す手法ゆえ、直火(じか)で煮るとは全く異なる、霜に当たった白菜の美味が感じられる。蒸し上がった白菜はとり上げて、冷めぬ

ように手当てする。丸を温めつつ、白菜の蒸し汁を調味し直し、軽く葛を引く。大鉢に切った白菜、温かい丸。葛引きあんをかけ回し、細切り柚子を添えて供する。

正月の夜のとり回し鉢に、白菜といえども格調を感じさせる。

◎海老芋、八ツ頭は、ひかえめに調理した煮汁で直炊きすればぬめりは出ないが、掘りたてではないから、七分通り糠水で茹で、同温のお湯で湯通しを行い、丸の煮汁で炊くのが無難かと思う。

◎麩や湯葉の類をおいしく感じるには、少々甘めに炊くのがよいとは、故・辻嘉一（つじかいち）先生のおすすめ。

鶏の丸の煮物椀は好ましいもののひとつだが、正月のお雑煮を、鶏雑煮になさる方、また正月のお客さま用にも単なる鶏の切り身よりおすすめしたい。

雑煮も主役は餅で、具は従と心得るべき。餅ほど清らかな滋味を隠し持っている食べ物はないからだ。上質の餅を用い、幼い者の胸に食文化の火種をおかねばならない。餅の味は、幼い者にはわかりにくいもの。まず親御さんが心を傾けて味わい、感心してみせること。

生活に火鉢がなくなってから、日本人は餅から縁が遠くなった。しかし、餅というよいものは食べつないでもらいたい。

第4章 スープに合う料理

レバーペースト

新鮮なよいレバーを選ぶ。

テリーヌの手法を取り入れ、口当たりふんわり。レバーが苦手な人でも食べられる極上のペースト。

まんまと成功すれば、フォアグラに準ずるレバーペーストをここでご紹介したい。

「市販の瓶詰めとはだんち」と男連れが赤ぶどう酒を片手に誉めてくれる。

これは恩師、加藤正之先生の手法に加えて、私が酒類、香味野菜、香辛料でマリネードし、レバー嫌いな方でも食べよいようにしたもの。

先生は、秋山徳蔵（あきやまとくぞう）先生と共に宮内庁大膳寮で仕事をなさった。手の込んだテリーヌづくりの経験から、派生的にこのペーストを考案なさったと拝察。テリーヌの手法を取り入れたレバーペーストは類がない。

新鮮な鶏レバー（肝臓のみ）、豚の背脂を精肉店で手に入れる。鶏のレバーは血抜きはもちろん、氷水で血止めをすることもコツ。丁寧な下処理、そうじをすることが美味を生み出す。

レバーペースト

◎材料（作りやすい分量）

鶏レバー（肝臓のみ）　400g

A　赤ぶどう酒　カップ⅓
　ブランデー　カップ⅓
　ローリエ　1枚
　香味野菜★（人参、玉葱、セロリか
　　パセリの軸）　各少々
　★香味野菜はすべて薄切りにする。
　白粒胡椒　小匙½
　オールスパイス　7～8粒

豚の背脂★　150g
★約2mm厚さ、約5cm幅、15cm長さに、
　精肉店で切ってもらう。

B　溶かしバター　大匙1
　塩　小匙1
　トマトケチャップ　大匙½
　生クリーム　大匙1

◎空き缶（容量800gくらい）を用意する。

◎作り方

①　新鮮なよいレバーを選ぶことが肝心。レバーは水洗いして血抜きし、氷水で血止めをしてから、胆汁で変色している部分、筋、血塊を必ず除く。

②　①をバットに入れ、Aの材料を加え、二晩マリネードする。時間がなければ一昼夜でも。香味野菜は④で使うので少々残しておく。

③　空き缶に背脂を底から側面に張りつけてゆき、缶の外側にたれ下がるようにする。

④　缶の底に、②で残しておいた香味野菜を少々敷き、その上にマリネードしたレバーをすべて入れ、さらに薄切り香味野菜、ローリエ、オールスパイス、黒粒胡椒をのせる。

⑤　缶の周囲にたれ下がった背脂で中身を覆う。

⑥　アルミホイルで⑤に蓋をし、ひもでしっかり結び、湯煎で火入れする。直火で1時間～1時間半。圧力鍋なら、およそ30分。オーブン料理をするついでにオーブン内で湯煎煮してもよい。その場合も1時間半が目安。

⑦　缶の中の状態は、用いた背脂がすっかり溶け、さながら、だぶだぶした水の中にレバーが沈んでいるように見える。

⑧　レバーは軽く指で押すとつぶれるほどにやわらかい。コットンペーパーの上

にとり、余分な脂分を吸わせる。これを裏漉しにかける。

⑨ Bのすべての調味料を加え、充分に練り合わせる。消毒した密閉容器に空気が入らぬよう、練り込めて冷蔵保存する。1週間以内に食す。

レバーペーストを使って

メルバトーストのレバーペーストのせ

淡白さに味のリズムを与える、手品の如き一品。

このレバーペーストは、フォアグラに似通った仕上がりになると書いた。ゆえに、ねっとり感に対して少々カリッとしたものと組む、または淡白なものに添えて、補足的に用いると成功する。

写真の煎餅のようなパンをメルバトーストという。多忙な方はクラッカーでもよろしいが、バゲットを薄切りにし、溶かしバターをしみ込ませたメルバトーストは、そのままビールをはじめとする洋酒の友になるので、残りもののパンで習慣的に作りおくと重宝する。

このトーストに、ペーストをわざと半がけに塗るのである。べったり全面に塗ってあると手でつまんだとき不都合。とくにカクテル・パーティーなどの、立ちながらお話中心のときなどの、一つの心遣いでもある。味のあるものの次に、淡白なパンだけが口に入るのは、メリハリ、味のリズム、洒落っ気といえよう。

◎作り方

バゲットをおそるおそる薄切りするようでは、仕上がりは明日になる。バゲットの切り口近くを押さえこみ、パンの½ほどの高さにして切れば、まことに造作ない。押されたパンは数分で元の高さに戻る。溶かしバターは上澄みのみ、刷毛で塗る。天板に並べ、低温で乾かすくらいのつもりで焼く。

パンの薄さ、レバーペーストの量……
細部への配慮が味を仕上げる。
これは、料理のみならず、
すべての世界で言えること。

献立組合せ

◎ミネストローネ p34
◎ソパ・デ・アホ p42
◎鱈とじゃが芋のブイヤベース p78

レバーペーストを使って

鶏胸肉の鎌倉風

●材料

鶏胸肉
塩・胡椒・セイボリー
小麦粉
オリーブ油
コニャック
レバーペースト
椎茸デュクセル（解説参照）
手作り香りパン粉★
★手作りパン粉、にんにくみじん切り、パセリみじん切りを合わせたもの。
煮詰めたチキンブイヨン

●椎茸デュクセルの解説

デュクセルとはフランス貴族の名からとった、みじん切りした野菜を蒸らし炒めしたものをさす。

素材の旨みを引き出し、味噌の感覚でものの上に塗り、もの足りない味を補う役割をする。茸の場合は私が考案した。

作り方は、まず玉葱のみじん切りをオリーブ油で蒸らし炒めする。

次に椎茸のみじん切りを加え、白ぶどう酒でデグラッセし、チキンブイヨンを加えて煮詰め、塩で味をととのえ、パルミジャーノで仕上げる。

●作り方

①オーブンを中温で温めておく。鶏肉の形をととのえる（手羽の根元を取り除き、皮を引く）。

②塩、胡椒、セイボリーをふる。軽く粉をはたき、厚手鍋にオリーブ油で七分通り、火を通す。この間にオーブンを高温に切り替える。

③②にコニャックをふりかけ、肉に鍋肌の旨みをからめる。

④③にレバーペーストを2㎜ほどの厚さに塗り、その上に椎茸のデュクセルを重ねて塗る。さらに香りパン粉をふりかけ、オリーブ油をパン粉の上から軽くふりかけ、オーブン皿に並べオーブンの上段で、パン粉が軽く色づくまで焼く。胸肉は、12分で火が通ることを念頭に、仕事の段取りをつける。

⑤かけソースは、鍋肌をコニャックでデグラッセし、煮詰めたチキンブイヨンを加え、塩味をととのえる。

⑥④に⑤を注ぎ入れ、食卓へ。

●鶏肉を薄く開き、ペーストを塗り、巻き込んでフライにしてもよい。

献立組合せ

●茄子と大麦のポタージュ　p52
●ポタージュ・ボン・ファム　p86
●野菜コンソメ　p102

鶏挽き肉のそぼろ

材料（作りやすい分量）
鶏挽き肉　200g
塩　少々
酒　カップ$\frac{1}{4}$
砂糖　大匙3
薄口醤油　大匙1$\frac{1}{2}$
生姜の搾り汁　小匙2
水　カップ$\frac{1}{2}$〜$\frac{2}{3}$

作り方
① 鍋に肉と調味料を入れ、五本箸で混ぜ、さらに水を加えてよく混ぜる。
② ①を中火にかけ、五本箸で煮汁がなくなるまでこまめに混ぜつづける。しっとり感を残して、仕上げる。

生肉に調味料、水を加えて混ぜると、このくらいのとろとろ感。

火にかけている間、絶えずかき混ぜることで驚くほどしっとり仕上がる。

たんぱく質の固まる道理にのっとり、五本箸にて仕上げたしっとり感。

「そぼろ」――牛肉または鶏肉のそぼろ。小学生でも作れるほど容易な調理法で、様々な他の素材と組み合わせ可能で多様な料理を作りだせるものは数少ないと思う。

そぼろは、完成した一種の下拵えと考えたほうがよい。紹介する方法は、お子さんや男性にも伝授なさっておかれると、お助けメニューとなる。

もの作りは、何にかかわらず、目標がなければならない。

そぼろ如きにも、こうでなければならない何点かがある。第一に、肉の粒子が均一であること、しっとり、ふんわりの口当たりでなければならない。

肉の粒子がくっつき合って大小様々、甘辛味を炒りつけすぎて、ころころ。この差を何にたとえてよいか、わからない。ところが、多くの専門家すら、肉がくっつき合ってくださいといわんばかりに肉の煮汁を煮立て、ここへ、挽き肉を投じ、さばいて炊いてゆかれる。たんぱく質は熱に出合うと、くっつき合うに決まっている。しかも甘辛が手伝えばなおさらのこと。ころころを擂鉢で擂って細々として使った専門家もおられたほど。

しかし、ころころに煮えてしまったものを擂っても、もさもさするだけなのだ。

この料理のコツは二点ある。

一、たんぱく質同士がくっつき合わぬよう、用意した調味料と水、生肉を五本の箸でよくよく混ぜ合わせてから加熱する。このようにして扱われたたんぱく質は、もはや加熱してくっつき合うことはなく、火が通れば肉の粒子は縮むため自然に細々となる。

二、調味料以外に水を加えること。これは肉を軟らかく煮ることにつながるので、当然しっとり、ふんわりする。日本式のミートソースに水分を加える方は少なくないが、イタリア式はスープをたっぷりさし、長時間煮て〝バターのように〟を目標にする。つまり、この方法に準じているのである。そぼろは、魚の場合でも、はじめ水分の多い煮汁で炊き、煮詰めることで一度、水に浸出した旨みを吸いもどさせることがコツ。

献立組合せ

- モーウィの椀物　p46
- きゅうりと油揚げの葛仕立て　p48
- 干し椎茸のスープ　p96

そして一気に加熱せず、気長に根気よく混ぜつづけること。今までのそぼろとは格段の差となるはずだ。

そぼろと菜の花卵の錦弁当

作り方

① しっとりそぼろに対しては、卵もしっとりふんわりでありたい。4人分として卵5個、砂糖大匙1、塩ひとつまみ、サラダ油大匙1½。五本箸で材料をよく混ぜ、弱火にかけ、終始、五本箸で混ぜつづける。つまり鍋底にうっすらと固まる卵液を五本箸で、常にかき寄せる。縦横十文字にかき寄せる。これで菜の花弁のような炒り卵が自然にできる。

何事もなるようにすればなる。しなければならない好例だ。

菜の花卵は、卵に油を入れるのがコツ。そして、あくまでも弱火にて。

一度に細かく混ぜられる五本箸の効力たるもの、実感してほしい。

鶏挽き肉のそぼろを使って

柳川もどき

薄く、薄〜くささがくのが、コツの一。
アクをアクで抜くのがコツの二。

献立組合せ

- 大和芋の清汁 p64
- 玄米のスープ p94
- 干し椎茸のスープ p96

コツは五本箸で混ぜること。その効果を最大限に展開に活かす。

そぼろの料理例は、錦丼ならぬ錦弁当。ここでは別趣の展開例(A)と、挽き肉に調味料を含ませて五本箸でさばく発想を、生肉のまま他の素材と組み合わせてゆく例(B)を書く。

(A)「そぼろの展開例」

①グリーンピースの含め煮に鶏そぼろを添えかけ、黄身あんをかけたもの。上品で愛らしく、老若男女、初夏の好ましい小鉢ものを喜ぶ。

料理の特長は、グリーンピースとそぼろは相性がよいのに、二つとも箸にかかりにくいこと。これらの難点を、黄身あんでくるみ、食べよく、やさしさを添える。相当なる勘考力が認められるものだ(詳細は私の著書『旬を味わう』にある)。

②親子炒り卵。仕事は、とても単純。卵一個分に対してそぼろを大匙一杯ほど加えるだけ。二人分で、卵三個用い、親子炒り卵丼でも作れば、日曜のブランチになる。幼児のお弁当なら、ご飯の上に敷くとよろしい。

炒りすぎは厳禁。炒るという言葉につられ、ころころにする方が多いけれど、じっとり感を大切に、早過ぎるかな？ で火からおろしてください。私は炒り卵に植物油少々、隠し使いする。

前項の菜の花卵と同様、これは有効。

次は(B)の料理例「柳川もどき」。

〝もどき〟とは……のようなものの意味。

定番のどじょうを用いず、鶏や牛や合い挽きなどの挽き肉を用いるので、もどきと名づけた。

材料(作りやすい分量)

- 新ごぼう(ささがき)　200g
- 挽き肉(鶏、牛、合い挽きなど)　200g
- 出汁　カップ3〜4
- 醤油　大匙4

酒　大匙3
砂糖　大匙山盛り2
塩　小匙½
卵　2個

作り方

① 柳川のコツは、ごぼうを薄くささがきにするところから始まる。ささがいた順に水に浸す。ごぼうはごぼう自体のアクできれいにアクが抜けるので、浸し水は終始、替えない。最後にまとめて水洗いすると、ごぼうは真っ白になる。コツ中のコツ。

② ごぼうは、ひたひたの水でしばらく茹で、水をきり、固く絞る。これを浅めの鍋に敷き詰める。

③ 挽き肉に分量の出汁と調味料を全部混ぜ、どろどろにしたものをごぼうの上に平均にならすようにのせ、中火でゆっくり味がしみ込むように煮る。

④ ごぼうと肉に味がしみ込むころ、肉はごぼうの上に蓋をしたように固まる。箸でちょんちょん突いて穴を開けると、下から煮汁が上がってくる。ここへ溶き卵をまんべんなくかけ、すぐに蓋をする。煮汁の煮立つ力で、卵は沈まず、卵とじになる。

あとがき

料理の作り方解説を書く。このようなことにも「心得」が必要です。私がそれについて自分自身に課していること。それは読者が、お使いになる材料を損なうことがないようにです。材料の向こうには、材料費があります。「材料費、即ちオカネ」。「オカネ、即ち働き」。働く働ける。これは、即ち生命現象。

この論理で材料というものを見ると、材料を損なわせるということは、生命現象を損なうことになる。ですから、私の解説は、これ以上は書けないところまで書いています。

前著『野菜に習う』も『さ、めしあがれ。』も、クロワッサンでの連載。毎月二回、三年間の連載を二度、通算六年間書きました。七十歳代と八十歳代の仕事でした。
読み返すと我ながら「親切」を感じます。読者の「いのち」を見つめて書いたのです。よく繰り返してお読みくださり、「材料」を活かし、幸せを創出なさってください。

辰巳芳子

辰巳芳子　たつみ・よしこ

1924年、東京生まれ。料理家、随筆家。聖心女子学院卒業。料理家の母・辰巳浜子に家庭料理の薫陶を受け、45歳で料理家として立つ。フランス料理、イタリア料理、スペイン料理の研鑽を積み、「蒸らし炒め」はじめ独自の手法を確立。父親の介護体験から、生まれてから死ぬ日まで〝いのちを支える〟ものとして「スープ」に着目。1996年から「スープの会」を主宰、啓蒙を続けている。NPO法人「良い食材を伝える会」会長、NPO法人「大豆100粒運動を支える会」会長。

料理助手・対馬千賀子
撮影・小林庸浩（表紙写真、奥付写真、24〜31、36〜47、50〜51、54〜55、58〜59、65〜67、88〜89P）、
青木和義（3、143P）、いのまた政明（106〜141P）、岩本慶三（帯写真、142P）
小川朋央（裏表紙写真、22〜23、32〜35、48〜49、52〜53、56〜57、60〜63、68〜87、90〜91、91〜103P）
デザイン・若山嘉代子 L'espace
校正・畠山美音
協力・対馬千賀子、齊藤正子
編集・越川典子（クロワッサン編集部）

●本書は、クロワッサン連載「いのちの食卓　野菜に習う」（778号〜850号）と『いのちをいつくしむ新家庭料理』（2003年）より抜粋し、加筆訂正して再構成したものです。

辰巳芳子の「さ、めしあがれ。」

2016年11月10日　第1刷発行

著者　辰巳芳子
発行者　石﨑　孟
発行所　株式会社　マガジンハウス
〒104-8003
東京都中央区銀座3・13・10
電話　03・3545・7061（クロワッサン編集部）
049・275・1811（受注センター）
印刷所　株式会社 千代田プリントメディア

ISBN978-4-8387-2895-4 C2077